张倩仪 主编
张倩仪 宋诒瑞 著

8分钟读懂课本里的大人物

SPM 南方传媒
全国优秀出版社
全国百佳图书出版单位 广东教育出版社
·广州·

图书在版编目（CIP）数据

8分钟读懂课本里的大人物．科学家／张倩仪主编.

广州：广东教育出版社，2024．7．--（名人励志故事丛书）．-- ISBN 978-7-5548-6056-4

Ⅰ．K820.7-49

中国国家版本馆CIP数据核字第2024FP4789号

主　　编：张倩仪
著　　者：张倩仪　宋诒瑞

本系列图书由广东教育出版社与新雅文化事业有限公司合作出版

8分钟读懂课本里的大人物　科学家
8 FENZHONG DUDONG KEBEN LI DE DA RENWU　KEXUEJIA

出 版 人：朱文清
策划统筹：卞晓琰　周　莉
责任编辑：周　莉　易　意
营销编辑：卢颖璇　吴秀梅　林冬怡
责任技编：许伟斌
出版发行：广东教育出版社
　　　　　（广州市越秀区环市东路472号12-15楼　邮政编码：510075）
销售热线：020-87614531
网　　址：http://www.gjs.cn
E-mail：gjs-quality@nfcb.com.cn
经　　销：广东新华发行集团股份有限公司
印　　刷：深圳市福圣印刷有限公司
　　　　　（深圳市龙华区龙苑大道联华工业园三栋一楼　邮政编码：518110）
规　　格：889 mm×1194 mm　1/32
印　　张：4.75
字　　数：95千
版　　次：2024年7月第1版　2024年7月第1次印刷
定　　价：29.80元

如发现因印装质量问题影响阅读，请与本社联系调换（电话：020-87613102）

序 言

我们想做一套有"新精神"的中国人故事书。

古往今来，人人喜欢听故事、读故事。情节细腻曲折的故事更有吸引力，因为人天生就有好奇心。如果故事还值得细细咀嚼，反复玩味，那么故事的精神内涵就有可能影响读者的一生。

中国人爱说故事。中国的故事经久绵长，因为这些故事根植在古老的土地上。古老的中国也有新鲜的故事，因为中国人始终在这大地上生息，新故事源源不绝。中国故事的风格跟中国人一样，直率、简洁，充满乐天知命、奋斗努力的精神，有时奇幻，但总带有人性的光辉。

少年读者需要知道自己的文化根源，又有这年纪自有的好奇和兴趣。我们遵从少年读者的认知和性情，挑选动人的中国人物故事，分门别类，点出其中历久弥新的精神，做成一套有人、有事、有主题的中国人故事书。主角不限于古，还及于今；视野遍及世界，又聚焦中国。

我们的目标是浅白而能深入，有趣味而讲究根源。我相信为我们的孩子，值得花费精神去做这样的故事书。

张倩仪

8分钟时光故事会（科学家）
扫一扫，听故事

目 录

中国古代巧匠鲁班 1

你见过这种庙宇吗? 2

鲁班怎样发明文公尺? 3

古老的鲁班锁有哪些巧妙的应用? 4

看到齿状叶片你会想到什么? 6

鲁班为什么被称为工匠鼻祖? 8

李冰与都江堰 11

四川为什么被称作"天府之国"? 12

李冰为什么主持修建都江堰? 13

宝瓶口的功能是什么? 14

鱼嘴和飞沙堰有什么妙用? 15

蔡伦造纸 21

蔡伦是一个什么样的人? 22

古人用什么书写工具? 23

蔡侯纸是怎么产生的? 25

造纸术对世界有什么影响? 27

科学家张衡的发明 30

候风地动仪是怎么设计的？ 31

张衡为什么能成为博学之士？ 33

张衡还有哪些发明？ 35

数学家祖冲之 40

华罗庚讲了一个什么故事？ 41

祖冲之为什么喜爱天文？ 42

如何推算出精确的圆周率？ 45

祖冲之的其他贡献有哪些？ 48

中国第一位桥梁设计家李春 51

赵州桥有什么特别之处？ 52

为什么是李春担任总设计师？ 53

桥址怎么选？ 54

为什么设计成单孔桥？ 55

建桥成本怎么省？ 58

毕昇发明活字印刷术 61

古代印刷技术是如何发展的？ 62

毕昇怎样在三天内交出新雕版？ 63

木刻活字有什么优缺点？ 65

毕昇从骰子中得到了什么启示？ 67

活字印刷术对现今有什么影响？ 69

农学家王祯 **71**

王祯有怎样的县政经验？ 72

什么是"以农为本"的工作思路？ 74

《王祯农书》有什么特点？ 76

王祯对活字印刷术作了什么改进？ 79

中国铁路之父詹天佑 **81**

七岁的詹天佑在做什么？ 84

中国第一批留美学童有怎样的经历？ 85

詹天佑完成了哪些艰巨任务？ 86

建造京张铁路有多难？ 88

公开技术的化学工业家侯德榜 **93**

侯德榜为什么从制革转向制碱？ 94

永利碱厂是如何取得成功的？ 97

侯德榜为什么选择公开制碱技术？ 100

化学工业的基础是什么？ 102

战争期间侯氏制碱法有哪些改进？ 104

战后重建过程中有哪些故事？ 105

初中毕业的数学家华罗庚 107

华罗庚为何对数学产生兴趣？ 108

华罗庚是怎样自学数学的？ 111

华罗庚在清华大学做什么工作？ 113

华罗庚在数学系学什么？ 114

华罗庚为什么不要博士学位？ 116

如何登上科学的高峰？ 118

由文转理的力学家钱伟长 120

钱伟长为何转读物理？ 122

钱伟长走过怎样的科学学习之路？ 125

海外留学研究什么？ 128

水稻育种专家袁隆平 134

袁隆平年轻时有什么愿望？ 135

为什么要进行超级稻实验？ 136

杂交水稻给世界带来了什么？ 140

中国古代巧匠 鲁班

鲁班（约前507—前444），为春秋时期鲁国人，相传姓公输，名班（般）。我国古代杰出的建筑师、木匠和发明家，被尊为建筑工匠祖师。

课本链接 《义务教育教科书 科学 三年级上册》（人教鄂教版）第五单元第17课《设计制作建筑模型》

你见过这种庙宇吗 **?**

　　凡是有华人居住的地方，你常常会见到一种庙宇，它们的外表不像其他庙宇那样金碧辉煌、富丽堂皇，而通常是灰墙灰土、外形简朴，庙里供奉着鲁班神像，匾额上的题词为"鲁班先师""公输先师""巧圣先师""鲁班圣祖"等尊称。这些就是鲁班庙，或叫鲁班殿。每逢农历六月十三日鲁班诞辰日，这类庙宇里会举办隆重的庆祝仪式。很多建筑工人在这天到庙里拜祭这位祖师，祈求圣人鲁班赐福，保佑他们工作顺利和平安。

　　那么，鲁班究竟是什么人？为什么他这么受建筑界人士的尊敬呢？

　　鲁班，又名公输般，是春秋时期的鲁国人。他出生在一个工匠世家，自幼就围着当木匠的父亲转，眼看心灵手巧的父亲怎样工作，自然而然地受到了熏陶。他童年的游戏不是别的，就是学着造房屋、做模型、搭小桥……他还跟随家里人参与过许多土木建筑工程，逐渐掌握了木工技能，积累了丰富的实践经验。果然，长大后他继承父业，

也成为一名出色的木匠。

鲁班聪明能干，肯动脑筋，在工作中往往有很多好主意，还发明了很多工具，所以同行都很尊敬和爱戴他。

鲁班怎样发明文公尺

当年，鲁班和文公都是著名的巧匠。有一次，他俩各自受命修建宫殿。文公一向对鲁班的才能有些不服气，就想暗地里捉弄他一下。

文公把鲁班平时用来丈量木材长度的木尺锯短了一些，由一尺半变成了一尺四寸多。鲁班的徒弟们用它来量木头，等到使用木材时才发现锯出来的长度不对，可是手边没有备用的木头了，怎么办呢？大家都很着急。

鲁班思索了一下，胸有成竹地说：“别急，我有办法。”他叫徒弟们去寻找尺寸合适的石条和石块来填补空缺。想不到这样建起的墙和柱不但更加坚固，而且色彩有了变化，外表也更美观。宫殿落成后，国君见了很满意。

鲁班的徒弟们原本担心会惹怒国君，这时心中的大石头才落了地。他们问道：“师傅，您怎么会想出这个巧妙的办法？"

鲁班举起手中那把被截短了的尺子，笑了笑，答道："说起来，全靠文公送给我的这把尺子啊！"大家明白了缘由，也不禁哈哈大笑，佩服鲁班的开阔胸襟和急中生智的本领。

文公从此心服口服，承认鲁班确实才艺卓绝，比自己高明。

这把鲁班尺（也叫文公尺）流传到今天，后来还加入了寸和厘米的刻度，经改良后成了现在木工们用的"角尺"，是建筑中度量和矫正的重要工具。

小8笔记

角尺

检验或画线用的工具，两边互成直角。

古老的鲁班锁有哪些巧妙的应用

鲁班的儿子跟鲁班小时候一样，对木工活也很感兴趣。鲁班想测测儿子是否聪明，就用六根木条做了一个可拼可拆的玩具，交给儿子，说："这是用六根木条拼

起来的。既然我能拼起来，也就一定能再拆开。来，你试试！"

儿子二话不说，接过来仔细观察。这是一种榫卯（sǔn mǎo）结构的十字立方体，六根木条上都有凹凸部分，一个扣紧一个，接合得很紧密，可以说是天衣无缝，十分巧妙。人们在拼或拆时都需要认真思考，分析它的内部结构。虽然这是个极难的挑战，但是鲁班的儿子是个不轻易放弃的孩子，他费了极大工夫反复研究，经过整整一夜的努力，终于摸出了它的结构规律。他不仅把六根木条拆开来，还照原样拼凑了起来！

鲁班见了心中大喜，但他不露声色，只是简单说了句："嗯，不错！你已经把它看清楚了！"

这个拼插物件被称作"鲁班锁""八卦锁"，到了三国时，诸葛亮又把它发展为九根木条的构造，使之成为一种老少咸宜的益智玩具，在民间广泛流传。它看似简单，其实无比奥妙，对人们放松身心、开发大脑、锻炼手指灵活性都很有好处。

中国各地建造的桥梁和庙堂很多也是用这种榫卯结构的方法，不用一根钉、一条绳，完全靠自身结构的互相咬合、连接支撑，这种精巧的发明，充分显示出中国人的非凡智慧。有人说，假如鲁班生活在现代，将会是一位十分出色的工程师，加上最新的3D技术，想必能制造出许多设计巧妙的机械来造福人类呀！

看到齿状叶片你会想到什么？

你见过森林中的伐木工人怎样用斧头工作吗？斧头是很原始的砍树工具；后来人们用带齿的锯子，伐木速度就快得多了；再后来，发明了电锯，工作效率就更高了。最早的锯子，传说也是鲁班发明的，其中还有一则有趣的故事呢。

相传那时鲁班接受了一项任务，要在短期内建造一座巨大的宫殿。他就叫徒弟们上山去伐木备料。当时的伐木工具只是一把木把柄斧头，徒弟们从早到晚拼命干，手心都磨出了血泡，斧头也变钝了，但是伐木速度缓慢，每日收获的木材很少，远远赶不上需求。眼看日子一天天过去，施工限期很快就要来到，大家都很着急。因为建造宫殿是一件性命攸关的大事，若是不能按期完工，就有可能被砍头！

鲁班决定亲自上山去，看看能否有改进的办法。山

路陡斜，在一处特别险峻的地方，他只好手脚并用，爬坡上去。忽然，他觉得右手掌上一阵刺痛，低头一看，原来他伸手抓住路边的一把小草时，手掌被草叶划破了，掌心还沁出了血。鲁班觉得很奇怪：一棵小小的野草怎么会伤到手心？于是他低下头去仔细观察那棵小草，发现草叶的两边并不平滑，而是呈齿状的，就是这些细齿划伤了他的手。他再轻轻抚摸草叶的两边，原来这些齿状边缘非常锋利！这时鲁班心中豁然开朗，好似得到了什么启示。

他正要前行，忽见前面有一只蝗虫在大嚼青草，只见它的两个大板牙一张一合，很快就吃下了一大片草叶。鲁班捉住蝗虫，仔细观察它的口部，原来那两只大板牙上面也有一排细齿，蝗虫就是靠这些细齿来嚼碎草叶的！

这两个发现使鲁班很兴奋。他摘了几根带齿的草叶赶快跑到山上，对徒弟们说："瞧，这些带齿的草叶那么厉害，我们也可以做一个这样的工具来砍树呀！"

他就用山上到处都有的毛竹，用刀子在竹片上面刻出一排细齿，装上木柄试着锯树。效果的确比斧头好，但是竹片太软，用不了多久就会碎裂，不得不频繁地更换竹片，这也很麻烦。此路不通，鲁班就考虑采用其他材料来做。

最硬的材料只有铁了。于是他们就下山找铁匠，要

铁匠打出大量带有小齿的铁片，再装上木柄，这就是现代锯子的雏形了。

鲁班和徒弟们用这样的铁片锯子去伐木，鲁班和其中一个徒弟站在一棵大树两侧，把锯子放在树干旁，你拉一下我拉一下，不一会儿就把大树锯倒了，比用斧头砍不知快了多少倍！

众人先是看呆了，后来齐声欢呼，拍手叫好。使用了这种锯子，很快就采集到所需的木料，按期完成了宫殿的建造。

鲁班为什么被称为工匠鼻祖 ？

因为工作的需要，鲁班还发明了很多木工器械。

他用斧头整平木头时，总不能把木头表面整得很平滑，因为木头上本身就有一些凹凸不平的疤状物。出现问题就是解决问题的开始，鲁班便动脑来解决这个难题。

他做了一个带两个手柄的木座，里面放上一把小小的薄铁斧，盖上铁片，只露出一条窄窄的刀刃。他把木座放在要整平的木头上，抓着两个手柄向前一推，果然木头被推得很平滑。这就是现今木匠普遍使用的刨子的由来。

起初，鲁班叫妻子在木料的另一头用手抵住，让他推刨整条木料。可是这样一来，他的妻子就被困在那里，什么事情也做不成

了。她也是个聪明人，就在放木料的桌子上钉了一个木橛子顶住木料，这样鲁班就能独自操作了。鲁班的妻子见他在露天工作时遭受日晒雨淋，很是不忍心，便发明了一种"活动亭子"遮在他头顶上，这一物件，日后发展成能挡雨防晒的伞。

木工用以弹线的墨斗、在木料上挖洞的钻子等都是鲁班创造发明的，这些发明使工匠们提高了工作效率，所以工匠们都尊他为祖师爷。

鲁班还制造出一种很特别的锁，机关设在里面，要用特制的钥匙开启。

他还制造了乘风飞上高空的飞鸢（yuān）、机动的木车马，还曾帮助楚国制造攻城用的云梯，在战争中发挥了很大的作用。后来他受墨子的影响，决心不再做这些战争工具，转而专注于进行造福百姓的发明创造。他是一位备受百姓拥戴和纪念的能工巧匠、伟大的发明家。

小8学堂

鲁班以非凡的毅力和精湛的技艺，成为中国木匠的典范和祖师爷。请你结合文章，谈谈鲁班的发明给你带来了哪些启示。

李冰与都江堰

李冰，生卒年不详，出生地不详。战国时代著名的水利工程专家，征发民工在岷江流域兴办多项水利工程，以都江堰最著名。

课本链接 《义务教育教科书 中国历史七年级 上册》第二单元第7课《战国时期的社会变化》

四川为什么被称作
"天府之国"

?

　　你听过"天府之国"这个称号吗？知道这是什么地方吗？

　　它是对四川成都平原一带的美称。四川省，一向被认为是中国的粮仓，土地肥沃、气候温和、雨量充沛、物产丰富。天府的意思就是"物产富饶、形势险固的地方"。

　　可是，这片土地不是一开始就这样富饶的。四川，古称蜀地，在中国西南部、长江上游，很多条大河都发源于此。这里有一条岷江，是长江的大支流，从岷山流下，穿山越岭，气势澎湃，奔流而下，来到成都平原后水速变慢，河水挟带的石子和沙泥就淤积下来，堵塞了河道。雨季时，洪水往往淹没无数农田和房屋，使百姓家破人亡、流离失所。但是到了枯水期，雨水不足，水道就干涸。因此这块非涝即旱的蜀地向来就有"泽国""赤盆"之称。

　　自古以来，这里的人们就一直英勇地与洪水作战，千方百计要制服这头凶恶的猛兽，但是收效不大，民众苦

不堪言。有人传说洪水泛滥是因为河神发怒，所以每年要向河中投下两名女童祭祀，才能平息河神的怒气，保佑百姓，不少无辜的女孩因此白白丧失了性命。

李冰为什么主持修建都江堰？

公元前三世纪中期的战国时代，秦国吞并了蜀国，秦昭王决定彻底治理岷江水灾，任命精通天文地理的李冰为蜀郡的地方长官——郡守。李冰到任后，见到成都平原广阔平坦，土地肥沃，但人烟稀少，耕田不多，心中很是纳闷。他就问当地老百姓这是什么原因。百姓们指着眼前的岷江说："就是这条害人的河，年年泛滥，河神又要吃女孩，大家都外出逃难了！"眼见百姓深受水灾之苦，李冰下决心要解决这个难题——治理岷江。

他带着儿子二郎和助手，跋山涉水，沿着岷江一路考察。他追踪到岷江源头，沿江漂流，直到岷江和长江的汇合点，全面考察了岷江，详细了解了水情，掌握了关于岷江的第一手资料。

他见到水流湍（tuān）急的岷江进入平原后，受到灌县东南面的玉垒山的阻挡，不能畅流到东部，所以在西部泛滥，这是水灾的主要原因。在掌握了大量实地考察的材料的基础上，李冰参考了前人的治水经验，立即着手精心设计和规划治水方案，并亲自带领百姓投入一项大规模的综合水利工程建设。这项工程就是举世闻名的都江堰（yàn）水利工程，它分为宝瓶口、鱼嘴和飞沙堰三大部分。

宝瓶口的功能是什么 ？

李冰想出了一个治水方案：把玉垒山凿开一个缺口，同时开辟一条新河道，岷江上游的水流到此地就可分成东西两股，既可减轻水灾，又可引水灌溉东部农田。

他带领民工们在灌县东南的玉垒山开工，用火烧岩石的方式，劈开了玉垒山，凿了一个二十多米宽的进水口，因为它的形状像个瓶口，所以人们就称它为"宝瓶口"。与此同时，山前山后的河道也已挖好，岷江水流到这里

之后，一部分会流入八十米长的新河道，叫内江；原来的岷江就叫外江。灌溉渠道密如蛛网，分布在广阔的成都平原，形成一个扇形水道网。李冰又在各灌溉渠道安置了闸门，天旱时打开闸门放水灌溉，下雨时就封住。

这是一个十分巧妙和独具匠心的设计，它成功地分流了岷江水。宝瓶口这一渠道千百年来有效地控制住了岷江水流。

鱼嘴和飞沙堰有什么妙用？

李冰治水的第二步：在宝瓶口前面的江心筑一道分水堰，把上游岷江水分成两股，增加流入宝瓶口的水量。

在江心筑堤可不是一件容易的事。起初，他们按照常规方法，只是向江心投石，但是投入江中的石块很快就被汹涌的洪水冲走，这个办法行不通。用什么方法才能把石块固定在江心呢？李冰为这事煞费脑筋。

一天，他经过一条小溪时，见到几个妇女在溪边洗衣服。她们把衣物放在竹笼里，竹笼浸泡在溪水中稳稳地，不会被水冲走。李冰由此得到启发，就叫人从岷山上砍来大批竹子，编成宽零点六米、长十米的大笼子，装满卵石沉入江底，终于战胜了湍急的江水，筑成一道分水堰。这个办法就地取材，施工、维修都简单易行。而且，竹笼里的卵石构成一个强大的整体，层层叠垒，洪水冲不散，免除了堤身断裂的危险，起到了相当于现今的钢筋混凝土的作用；竹笼上的无数空隙能缓慢渗水，削弱了水的冲刷力，不会导致堤身崩溃。

这道大堤长数百米，前尖后宽，像个鱼嘴伸向岷江

上游，因此人们称它为"鱼嘴"，又叫"金刚堤"。有了它，宝瓶口工程充分发挥效益，将岷江水分流到成都平原，灌溉了那里的大量农田。

李冰又在宝瓶口对面、内江的右岸修建了一道低矮的水坝。若是水位超过一定标准，过量的水就自动漫过堤坝泄到外江，水中夹带的沙石也会随水一起排出，所以人们称它为"飞沙堰"。这道大约二百米长的飞沙堰既能在枯水期增加内江水量，又能减少沙石淤积，在丰水期防洪，是一项非常实用的多功能工程。

除此以外，李冰又发明了用"杩槎（mǎ chá）"（用大木头制成的三脚架，中间挂着装满卵石的竹笼）筑成活动的拦水坝，用来截流；发明了石犀来测江底的深度；还让自己的儿子凿了三个石人插在内江水中测量水位高低。

这三个石人约过了四百年才破损，汉代的水官派人重新造了高达三米的石人放入水中测水位，其中一个石人就是李冰的雕像。人们这样做正表达了对李冰的敬意——也许这里是他最合适的岗位！

李冰为这个工程耗费了大量心力，但他还不停手，为了工程的维护和长久使用，他制定了一系列维修和监控的办法，有的至今还为人们所沿用。后来李冰转到四川洛水修建水利工程，因为操劳过度，积劳成疾，病倒在工地上，不久便去世了。人们把他埋葬在洛水边，还在此修建了李冰陵，对他敬如神明。

李冰的都江堰三大工程基本上消除了岷江流域的旱涝灾害，从内江流下来的水可以灌溉十几个县，灌溉面积达三百多万亩，使成都平原的渔业、农业、航运等都大为发展；他还在成都修建了七座桥梁，发明了凿井煮盐的方法。从此成都平原成为沃野千里的富庶之地，获得"天府之国"的美称。

　　他的竹笼装石法是古代水利科技的宝贵遗产，至今在岷江岸边还摆放着这样的竹笼供人参观。李冰的治水六字诀"深淘滩，低作堰"如今仍是水利工程的准则。都江堰工程举世闻名，它设计之完备令人惊叹！我国古代兴修了许多水利工程，但都先后废弃了，唯独李冰主持修建的都江堰两千多年以来经久不衰，至今仍发挥着防洪灌溉和运输等多种功能。

　　李冰的都江堰使蜀地起了翻天覆地的变化，使子孙万代受益。千百年来，李冰一直受到四川人民的崇敬，被尊称为"川主"。唐太宗封李冰为"神勇大将军"。宋以后，李冰父子被封为"二王"，宋代中期每年春秋二祭。都江堰修有"大王庙""二王庙"，以纪念李冰父子俩的治水伟功，庙里的碑刻多是关于灌溉区水利工程维护的技术要领。自古代起，每年的清明时节都有隆重的官祭和民祭，当地百姓在稻田插秧后带上祭品，不

小8笔记

都江堰水利工程

　　在四川都江堰市西北岷江中游。包括鱼嘴（分水工程）、飞沙堰（溢流分洪排沙工程）和宝瓶口（引水流量控制工程）三大主体工程及有关辅助工程。

辞劳苦，长途跋涉来到二王庙，举行祭祀活动，都江堰也成为著名的风景名胜。人们修庙、塑像、立碑，永远纪念这位造福百姓的水利家。

小8学堂

李冰凭借治水的决心和卓越的智慧，成功地主持设计和建造了都江堰水利工程，被后人誉为"水利文化的奇迹"。请你结合文章，谈谈李冰的水利工程为后世带来的影响。

蔡伦造纸

蔡伦（约62—121），东汉造纸术发明家，曾任中常侍、尚方令等职，被封为龙亭侯，所造纸张享有『蔡侯纸』之称。

课本链接 《义务教育教科书　中国历史七年级　上册》第三单元第15课《两汉的科技与文化》

外国学者麦克·哈特说过："今天，纸张成了我们司空见惯的东西，我们很难想象，如果没有纸，世界将会怎样。"

可见，纸张的发明揭开了世界文明史上的重要一页，改变了世界的面貌。大家都知道造纸术是中国古代四大发明之一，发明者是蔡伦。你知道蔡伦和他发明造纸术的故事吗？

蔡伦是一个什么样的人

蔡伦，是东汉桂阳郡（今湖南南部）人，出生在一个铁匠世家。蔡伦小时候在乡学受启蒙教育，他读书认真，成绩优异，很快就熟读了《周礼》《论语》等古书，小小年纪已很有学问。他的家庭经济状况不是很好，不能供他长期上学，于是他就从生活中学习。他对自己身边的生产活动、生活环境很感兴趣，富有好奇心，很留意新鲜事物，也爱发问。他观察工人们如何打铁、冶炼、铸造铁器，看农村妇女们如何种麻、养蚕、纺纱织布……从中获得很大乐趣，也学到了很多知识。

十三岁的蔡伦聪明机灵，又有才学，却因家境贫寒不得不应征入宫。起初他当了"小黄门"，服侍皇室成员的饮食起居，他办事认真，谦虚好学，被一位老太监收为徒弟，带在身边，常常教他文化知识和做人的道理。蔡伦进步很快，受到皇后的赏识，并服侍皇太子刘肇。

刘肇继承皇位当了皇帝，蔡伦被提升为中常侍，这是东汉宦官中的一个高级职务，负责管理文书，还参与朝政的决策。蔡伦做事严谨可靠，为人公正，深得皇帝信赖。

公元97年，蔡伦三十多岁时被任命兼职"尚方令"。"尚方"是负责制造皇室所用刀剑等兵器及玩好器物的机构，其中的一个手工作坊集聚了天下的能工巧匠。蔡伦负责监制御用器械和宝剑。他的工艺技术和管理才华得到了充分的发挥。他完全没有官员的架子，和工匠们一起干活，研究技术问题，改进了制作工艺。在他的督工下，尚方的产品件件都工艺精湛，成为后世仿效制造的宝物。

古人用什么书写工具

众所周知，早期，人们把用尖锐的硬物刻在岩石上

的一些符号和图像作为标记；三千五百年前的殷商时代才有了比较完备的文字，通常是刻在龟甲和兽骨上，即甲骨文。西周时代，人们常把文字铸刻在钟、鼎、壶等青铜器上，形成钟鼎文。

在春秋战国时期，人们用竹片和木片代替甲骨，称为竹简和木简。这些简用绳子串联成一册；每根简上一般能书写二十个字，写一篇文章就要用很多简。战国时宋国有位叫惠施的学者，当他应邀外出讲学时，随身携带的用简写成的书要用五辆车来装载，所以有"学富五车"一说。平时皇帝批阅大臣们的奏章，就要由力大无穷的武士把笨重的竹简或木简抬进宫去，若是不慎弄断了串联简牍（dú）的牛皮带，打乱了次序，那就更麻烦了。这么多简册的存放、运输都很困难。

在西汉时期，妇女们在织丝的过程中发现在捞丝绵的帘子上留下一层薄薄的纤维，把它剥下来晾干后，可以在上面写字，于是就发明了用蚕茧制造的缣帛。写上了字的帛能卷起来成为一"卷"，轻便易携带。但是，这种丝帛造的纸因为原料不多，产量少，因此成本很高，一般人根本用不起。

所以在蔡伦造纸之前，一般读书人书写所使用的还是

竹简或木简。

当时东汉的经济和文化都很发达，读书人很多，大家都感到竹简、木简的不便，迫切需要改进。

蔡伦在批改公文时，就深受其苦——他整天翻阅那一捆捆沉重的"简牍"，常常累得头昏眼花，手脚无力。他自身也是个读书人，爱看书写字，深知文化人的困难和需求。如何解决书写工具这个难题呢？蔡伦日夜思考，并翻阅大量历史资料，向前人学习经验，想找出一种既经济又实用的书写材料来代替当时普遍使用的竹木片。他的想法得到了皇帝的支持。

蔡侯纸是怎么产生的？

首先，蔡伦在历史资料中读到，古人将织麻布时留下的碎麻转入清水池，用漂粉漂之，后捣碎搅匀，再捞起，压缩制成粗糙的麻纸（但只能用于包装，不能写字）；西汉妇女浸泡蚕茧做丝绵时，把留下的一些丝絮晒干成丝纸。

　　他从中得到启发：麻和丝绵能制成纸，是因为它们都有纤维。日常生活中含有这种类似丝帛纤维的东西不是很多吗？能不能找到一些来源更广、取材更容易、成本更低的东西来代替它们呢？

　　蔡伦召集一些工匠来研究商量，自己还经常到民间去访问一些老行家。

　　有一天，蔡伦到城外游玩，走到一条小溪边。他的目光被一堆东西吸引住了。他快步走过去，从溪边捞起一层像棉絮一样薄薄的东西仔细看着，突然双眼放光，兴奋得几乎要跳起来。

　　他问一位在溪边垂钓的老人："请问老伯，这东西是怎么形成的？"

　　老人看了看蔡伦手中的那层薄膜说："这个呀，河里到处都有，是浸泡在河水里的一些树皮、布头、破渔网、烂麻……水浸日晒，时间一久就成了这个样子。"

　　蔡伦如获至宝，回到宫里马上组织人手到民间去大量收集树皮、碎麻头、破布、旧衣衫、烂渔网等不值钱的垃圾。

　　有了材料之后，他参照古人制麻制丝的办法反复试验，创造了一个造纸的程序：一分离、二捶捣、三抄造、

四干燥的生产方法。即把这些原材料洗干净后切碎，放在一个大水池里浸泡至变软变烂，然后把这些混合材料放在石臼（jiù）内捣烂，加石灰水煮，制成纸浆；再把纸浆倾倒在细竹帘子上，摊成薄片，漏去水分，晒干后揭下，压平打磨，就成为一张张体轻质薄、细洁光滑、价廉耐用的纸，书写性能很好。

公元105年，蔡伦把试制成功的纸献给朝廷，皇帝见了大喜，立刻下圣旨命令全国采用。造纸术被推广到全国各地，深受大众欢迎，读书人从大捆小捆的竹简、木简中解放了出来。朝廷封蔡伦为龙亭侯，他组织监造的纸被称为"蔡侯纸"。

造纸术对世界有什么影响

这时，中古欧洲用贵重的羊皮，埃及人用莎草制成的纸，中亚人用泥板，印度人用贝叶书写……蔡伦的造纸术不但很快传遍了中国，还通过各种途径传到世界各地。最早是在大约公元三世纪时，越南就学到了造纸术；四世

纪时传到朝鲜，随后由朝鲜传到日本；八世纪时经中亚传到阿拉伯，再由阿拉伯传入欧洲各地及非洲。英国在1494年建立第一家造纸厂；欧洲人在1575年把造纸方法传播到美洲。1690年，美国费城建立造纸厂时，距离蔡伦造纸已过了一千五百多年。至于传到大洋洲，则是十九世纪的事了。

现今科技的发展使造纸业从手工操作转为机械生产，

而且纸张家族中增添了不少新品种，纸张的应用深入人们生活的各个方面。除了文化用纸外，还有商品包装、生活用纸、工业生产用纸、科技信息用纸……虽然现代的造纸工业已很发达，造纸原料大部分已为木浆所代替，但制造多种纸张的原料，仍不外是破布、树皮、麻头等材料，而且造纸的基本原理仍与蔡侯纸的造纸方法相同。

蔡伦改进造纸术，大大促进了人类文化的传播和世界文明的进步，影响了整个世界历史的进程，在人类文明史上谱写了光辉的一页。

小8学堂

蔡伦以刻苦钻研的精神和勤奋好学的毅力，对造纸工艺进行了改良，极大地促进了文化的传播与保存。请你结合文章，谈谈蔡伦改良造纸术的过程中都克服了哪些困难。

科学家张衡的发明

张衡（78—139），东汉中期大科学家、天文学家、文学家、画家。曾绘制星图，制造世界上最早利用水力转动的浑天仪及测定地震方位的候风地动仪。

课本链接 《义务教育教科书　中国历史七年级　上册》第三单元第15课《两汉的科技与文化》

公元138年的一天，汉顺帝正在宫殿里上朝，一位六十来岁的老臣上前禀报说："陛下，京城正西方向发生了地震，请陛下速派官员前去视察慰问。"

那天京城天气晴朗，一切都很平静，谁也没有感觉到发生过地震。顺帝就问他："你说西方地震，你是怎么知道的呢？"

大臣说："我是用地动仪测到的。三日之内，西边必定会有人来报告。"

这位大臣正是当时的尚书，东汉著名的科学家张衡。

文武大臣们都不信张衡的话，张衡就带他们去看地动仪。

立在众人面前的是一尊大铜器，形状好似一个大酒坛子，直径有八尺。仪器四周镶铸着八条龙，头朝下，尾向上。八个龙头分别对着东、东南、南、西南、西、西北、北、东北八个方向。每条龙的嘴是活动的，嘴里含着一颗浑圆的铜球；对准龙头位置的地上，蹲着八只张着嘴的铜蛤蟆。大家仔细一看，正西方那条龙嘴里的铜球不见了，原来铜球已掉到下面的铜蛤蟆嘴里了。

张衡解释说，地动仪的中心竖着一根铜铸的"都柱"，是它的动力部件，周围伸出八条杠杆与龙头相连。哪个方向发生地震，都柱受震波作用，就会失去平衡，倒入某一通道，牵动杠杆，把那个方向的龙头上部提起，这时龙嘴张开，铜球就会自动落入下面蛤蟆的嘴里。现在西面的龙已吐出铜球，西面肯定发生地震了。

大臣们仍是半信半疑。直到第三天，果然陇西（今甘肃东南部）有人飞马来报，说三天前发生了大地震，大家才真正信服。这是人类历史上第一次用测震仪器测到的地震！

这架地动仪是张衡自己设计制成的。那时京城洛阳一带常常发生地震，每年都有好几次。由于交通不便，当地官员派人向朝廷报信都要几天的时间。地震造成的生命财产损失很大，帝王和百姓只能求神拜佛，希望减少灾害。张衡不信这套，他立志要设法解决地震的测定、记录问题。他仔细记录每次地震的方位、强度、破坏程度等资料，并深入研究，日夜思考如何设计制造这部仪器。

有一次，他坐马车外出，一路上还在想着这件事。

忽然车前横过一个人，马车夫来了个急刹车，张衡向前一冲，差点儿掉出车外。惊吓之余，张衡得到了启发：地震就像刚才的急刹车那样，是瞬间发生的，只要抓住这瞬间的震动，不就可以测定了吗？于是他才想出了龙头受震后吐铜珠的设计方案。

公元132年，世界上第一台能测报地震的仪器制作成功，张衡取名为候风地动仪，其精确度很高。它还比十八世纪欧洲人发明的地震仪器早一千七百多年！

张衡为什么能成为博学之士？

张衡是河南南阳人，祖先是有名望的大族，祖父做过太守。他像祖父一样，自小刻苦向学，读了不少儒家经典，写得一手好文章。他知道若要在学问上有所成就，不能只是闭门读书，必须有实际生活经验。所以，十六岁时，他就离开家乡，外出游学。他先到了当时的学术文化中心——长安一带考察历史文物，游览名山大川，了解风土人情。壮丽的河山和宏伟的秦汉古都遗址使他惊叹，给了他丰富的文学创作题材。后来他来到东汉都城洛阳，进入最高学府太学进修，结识了很多著名学者，充实了自己的学问。

张衡兴趣广泛，他还喜欢研究算术、天文、地理和机械制造，在文学上也很有造诣。他写了不少优美的辞赋。他精读了一部研究宇宙现象的哲学著作《太玄经》后，研究兴趣转到自然科学方面，尤其对天文很感兴趣，决心探索宇宙的奥秘。

张衡淡泊名利，不想当官。他在家博览群书，深入研究《易经》《墨子》等古代有关哲学和科学的书籍，因此对几何学、力学、机械、地理、测量、绘画等学科的知识能做到融会贯通，成为东汉的博学之士。

博学多才的张衡名气越来越大，汉安帝对他也很器重。公元111年，三十多岁的张衡被召到京都，掌管政府的档案文书，兼管观察天象、制定历法。这职位很合张衡的意。在任的十四年内，他在太史院里潜心钻研天文和历算，从事理论研究，写出多部著作，全面阐述宇宙演化、天地结构、日月星辰的本质和运动，对科学发展作出了重大贡献。

张衡常在夜深人静时去旷野观察天象，他同意"浑

天说"的观点，认为天是圆的，宇宙是无边无际的。根据
观察和研究，他提出月光是日光的反照，月食是由于月球
进入地球的影子而形成的。他想弄清天上究竟有多少颗星
星。经过长时间的仔细观察，他绘出了第一张完整的星位
图，说明了月圆月缺的道理，解释了冬天夜长、夏天夜短
的原因。根据他的统计，他认为在中原地区可以用肉眼看
到的星星共有两千五百多颗，不太亮的"微星"有11 520
颗，这些星星都是按照一定的轨道有规律地运行的。这个
数字与现代天文学家的统计数字大致相同。

张衡还有哪些发明

　　张衡根据"浑天说"的原理制作了一个铜铸的天体模
型"浑天仪"，这是世界上第一台天象仪器。

　　中国古代流行"盖天说"，认为天是圆的，像一把
张开的伞；地是方的，像棋盘。而张衡认为天好像一个鸡
蛋壳，地好比是鸡蛋黄，天大地小，天地都浮在水上和气
上。这个看法比"盖天说"进步，把大地看作一个球，就

是我们的地球，更真实反映了宇宙的本来面目，"浑天说"在中国流行了一千多年。

"浑天仪"就是根据"浑天说"的想法制作出来的仪器。张衡先用薄竹片做了一个球形模型，在竹圈上刻了各种刻度，表示太阳、月亮和各颗行星的运行轨道。一切弄得很精确后再请工匠按此模样用铜铸造。这台浑天仪好像现代的地球仪，有南北两极，刻有赤道、黄道、二十四个节气，里面有几层可以转动的圆圈，这几层圆圈上面刻着日、月和星辰的位置。这个大铜球可以运用水的力量使它慢慢转动，转动一周的速度，跟地球自转一周的速度一样。人们从浑天仪上可以看出日月星辰是怎样运动的。这在当时是天文学上很惊人的发明。可惜在二百年后的东晋，这座宝贵的仪器被弄丢了。

张衡在机械制作上也有不平凡的成就。他曾一度调任公车司马令，为了精确计算行车里程，他发明了记里鼓车，就是在马车的上层放一个鼓，鼓旁站着两个木人，顶上有个铜钟。利用车轮在地面转动带动齿轮转动的原理，每行一里，木人击鼓一次；每行十里，木人敲钟一次，十分巧妙。

除此之外，张衡还发明了观测风向的自飞木雕、能自

转的三轮车，计算出圆周率是3.1724（另有说法是3.1466），他甚至擅长绘画呢！他是一位博学多才、全面发展的科学家和发明家，他因对人类作出了巨大贡献而受到世界人民的敬慕和怀念。

小8笔记

1970年，国际上用张衡的名字命名月球背面的一个环形山；1977年又把太阳系中一颗编号为1802的小行星命名为"张衡星"，张衡的名字响彻全球！

小8学堂

张衡潜心钻研地动仪，为人类首次揭开地震方位之谜，同时在星宿的轨道、数学的迷宫和文学的世界中留下不朽的足迹。请你结合文章，谈谈张衡在制作地动仪的过程中做了哪些尝试。

数学家祖冲之

祖冲之（429—500），南北朝杰出的数学家、天文学家和发明家，精确推算出圆周率，并制定一部新的历法《大明历》。

课本链接 《义务教育教科书 中国历史 七年级 上册》第四单元第20课 《魏晋南北朝的科技与文化》

华罗庚讲了一个什么故事

话说大数学家华罗庚先生有一次给大家讲了一个故事：

古时候有个私塾的教书先生喜欢喝酒。有一天，他叫学生们背圆周率，自己却提着酒壶到山上庙里找老和尚喝酒去了。等他酒足饭饱回来检查学生功课时，一个聪明的学生给他念了一首打油诗：

"山巅一寺一壶酒，尔乐苦煞吾，把酒吃，酒杀尔，杀不死，乐尔乐。"（3.14159265358979932384626的谐音）

教书先生正想夸奖学生背得好，但是其他学生却哄堂大笑。

先生仔细一想，原来学生是在讽刺他，弄得他哭笑不得。

那么，这位老师要学生背诵的这个圆周率是从哪儿来的呢？下面就要向你介绍中国南北朝时期的一位杰出的数学家、天文学家和科学家祖冲之老先生了。

祖冲之为什么喜爱天文 **?**

祖冲之，籍贯是范阳遒县（今河北省涞水县）。西晋末年，北方发生大规模战乱，为了逃难，祖冲之一家人从北方迁移到江南定居，他也就降生在江南。祖冲之的祖上当过官，在历法和算术方面也都有研究。他的父亲学识渊博，常常给幼小的祖冲之讲一些古代科学家的故事，这些故事深深影响了祖冲之。

每到夜晚，祖冲之常常和邻居家的孩子们一起在室外玩耍。他们抬头仰望星空时，别的孩子们总是争着数星星，看谁数得多，看谁能叫得出更多星星的名称……但是祖冲之却默不作声。他望着浩瀚无垠的星空想了很多很多，在广袤（mào）的星空下，他觉得自己实在太渺小了，所学所知真是太少了，便暗暗下定决心要好好学习。

祖冲之的父亲望子成龙，每天逼着儿子背诵《论语》，可是祖冲之不爱读那些经书，读了也记不住，气得他父亲大骂他是个笨蛋。他祖父是管理朝廷土木工程建筑的官员，思想比较开明，他说："不喜欢读经书不一定就

没出息啊，我知道冲之爱看什么书！"

原来祖冲之常常缠着祖父问这问那，问得最多的是各种关于天文现象的问题，有一次还问道："为什么每月十五的月亮一定是圆的呢？"祖父看出孙儿对天文很感兴趣，便每天教他看数学和天文书，有时爷孙俩还一起观察斗转星移，一起讨论天文知识。这样，祖冲之对天文历法的兴趣越来越大。

有一次，祖父带他拜访一位精通天文的官员何承天。何承天知道祖冲之对天文感兴趣，便问他："研究天文是很艰苦的事，不能靠它升官发财，你为什么要研究呢？"

祖冲之一本正经地回答说："我不想升官发财，我只想弄清楚天地的秘密。"

何承天哈哈大笑，很喜欢这个人小志气大的孩子。

从此祖冲之就常常去拜访何承天，向他请教天文、历法和数学问题。他的钻研劲头也更大了，他找来各种文献和记录资料进行研究，但他不把自己束缚在古人的研究结论中，而是经常观测日月星辰的运行轨迹，亲自进行精密测量和仔细推算。他的刻苦钻研和丰富实践，使他在科学研究的多个领域都取得了杰出的成就。

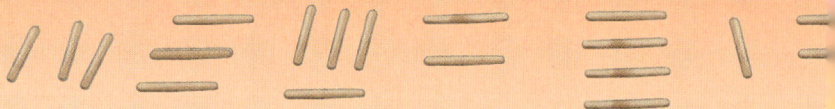

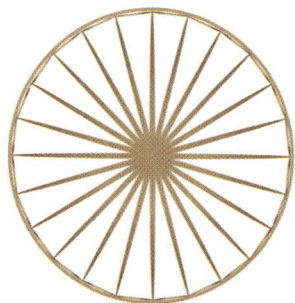

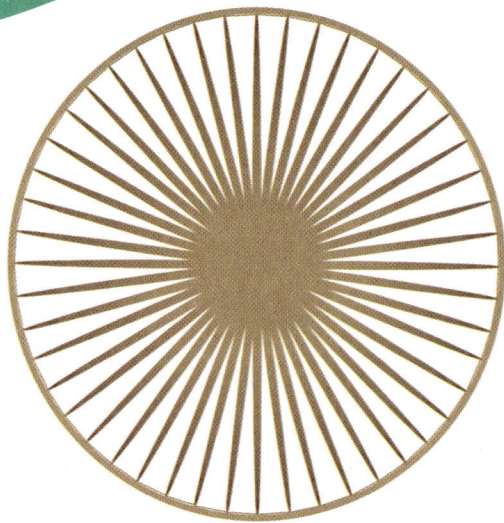

如何推算出精确的圆周率？

　　祖冲之一生钻研自然科学，他的主要贡献在数学、天文历法和机械制造三个领域内。

　　数学上的杰出成就是精确推算出圆周率。

　　圆周率是一个圆的圆周长度和它的直径长度的比值。无论是大圆还是小圆，这个数是固定不变的，因此它是一个常数。圆周率的应用非常广泛，尤其是在天文和历法方面，凡是涉及圆的一切问

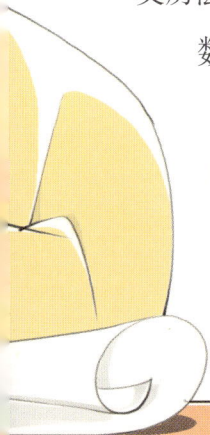

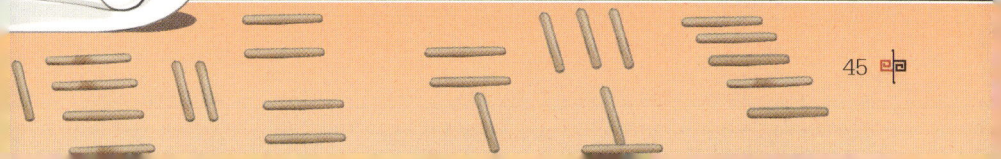

题，都要使用圆周率来推算。

正确推算圆周率数值是世界数学史上的一个重要课题，历史上有很多人都想攻克这个难题。中国古代的数学家们也很早就开始研究了。

古代数学著作《九章算术》中提出"径一周三"的公式，意思是圆周长是直径长的三倍。此后经过历代数学家的不断努力，推算出的圆周率数值日益精确。

东汉张衡推算出3.1724，三国时期的王蕃推算出3.1556。三国时期的著名数学家刘徽开创了圆面积的科学计算方法——采用"割圆术"来计算圆周率，即把圆周长度按正多边形与直径的比例计算，从正六边形算起，一次次把多边形的边数加倍到12边、24边、48边、96边……他发现边数越多，正边形周长越接近圆周长。当他算到192边时，得出圆周率是3.14。后来他计算了圆内接正3072边形的面积，得出了更精确的3.1416。这两个圆周率的精确度都超过了欧洲科学家阿基米德取得的成果。刘徽的"割圆术"是他独特的发明，影响深远。

祖冲之认为这个数值还不够精确。他对同样喜欢研究数学的儿子祖暅（gèng）说："刘徽是几百年来研究圆

周率成就最杰出的学者，但是，我想我们可以研究出一个更加精确的数值来！"儿子非常同意。

于是父子俩开始计算。他们画了个直径一丈的大圆，把圆割成6等份，内接一个正六边形，再依次接上正12边形、24边形、48边形、96边形……他们在刘徽取得的成就的基础上，经过长期的努力，反复运算，刻苦研究，终于完成了这项艰难的工程，一直把圆切割到24 576边形，计算出圆周率在3.1415926与3.1415927之间，在世界数学史上第一次把圆周率的推算精确到小数点后七位。设想一下，在一千五百多年前，没有任何计算工具的情况下，祖氏父子俩仅仅用毛笔和筹码来进行这一庞大的演算工作，那是需要多大的毅力和耐心啊！

直到一千多年后，这项记录才被一位名叫阿尔·卡西的伊朗数学家打破，他计算到小数点后十六位。

因此，日本数学史家三上义夫提议把圆周率命名为"祖率"，得到了世界的公认。精确圆周率的获得，使很多需要用到圆周率的事业得到了飞跃的进步，对于当时的社会生产、生活和科学研究都具有非常重要的价值。当时祖冲之还亲自研究度量衡，他用最新的圆周率数值修正古代量器容量的计算法，求出了称作"釜"的圆柱形量器的精确容量。以后，人们制造量器时就采用了"祖率"数值。

另外，祖冲之在钻研了刘徽的《九章算术注》之后，觉得数学还应该有所发展，就写了数十篇专题论文，被收录在《算经十书》中。这本数学著作在唐代曾被定为数学课本使用，遗憾的是没能流传下来。祖冲之还和儿子一起研究出球体的体积计算公式。

祖冲之的其他贡献有哪些？

祖冲之曾跟随天文学家何承天学习观察天象的方法，受益良多。何承天考定的"元嘉历"流通天下。祖冲之经过长期的观察研究，发现何承天考定的历法有一些误差，便根据自己长期观察天象的结果着手编写一部新历法。

由他精心撰写的《大明历》精密度极高，他第一次测定了每一回归年（即太阳连续两次通过冬至点的时间间隔）的天数为365.2428141日，与今天的推算只差46

秒！他提出了391年加144个闰月的新闰法，测定月亮环行一周的天数，他还提出了测定冬至的方法，算出了木星的公转周期、五星会合周期……之后他使用《大明历》四次正确推算出月食时的太阳位置。这是当时最科学、最进步的历法，为后世的天文研究提供了正确的方法。公元462年，祖冲之把《大明历》呈献给宋孝武帝，请求颁布，但受到一些保守大臣的阻挠，直到公元510年才得以正式颁行。

祖冲之还花了较大精力研究机械制造，重造出用铜机件转动的指南车，发明了一天能走百里的"千里船"、利用水力加工粮食的水碓（duì）磨，以及用以计时的漏壶等。

晚年的祖冲之着重研究文学和社会科学，曾写文章建议政府开垦荒地，发展农业，增强国力，安定民生，他的许多作品成为后世研究学习的必备书籍。另外，他还精通音律乐理，在文学和考据方面也有很

小8笔记

天文学

它是研究天体宇宙的结构和发展的科学，包括天体的构造、性质和运行的规律等。早在汉代，中国的天文学便开始形成学科体系。

高的造诣，曾写小说《述异记》。为了纪念这位世界级的伟大科学家，人们把月球背面的一座环形山命名为"祖冲之环形山"，并将一颗小行星命名为"祖冲之星"。

小8学堂

祖冲之以坚韧不拔之志和对数学的热爱，不懈地对宇宙进行探索，从而铸就了数学史上一座辉煌的里程碑。请你结合文章，谈谈祖冲之为了弄清"天地的秘密"都做了哪些努力。

中国第一位桥梁设计家李春

李春，生卒年不详，今河北邢台人，隋代造桥匠师。曾于开皇、大业年间建造了举世闻名的赵州桥。

课本链接 《义务教育教科书 语文 三年级下册》第三单元第11课《赵州桥》

赵州桥有什么特别之处 ?

在中国北部河北省的赵州，有一条宽阔的大河，河水从北面的五峰山上流下来，经龙门村南入赵县。这是一条并不出名的极普通的河，但是这河面上架着的一座桥梁却非同凡响，它的建造技巧震撼了世界。

若是你仔细打量这座石桥，就会发现它的不平凡之处：这座桥长度有六十多米，宽不到十米，高约七米，算不上宏伟；它是一座单孔桥，也就是说桥身只有一个圆拱，但这个拱形不是半圆形的，而是弓形的，所以它的坡

度不大，从头至尾好像一条平坦的路；更特别的是，单拱的两边各有大小两个小拱，这种桥形是前所未有的。桥身两侧的石栏石板上的雕刻龙飞凤舞，古朴美观。有诗人称赞它："水从碧玉环中去，人在苍龙背上行。"

这座外形看来很单薄的石桥横跨在三十七米多的河面上，经过一千四百多年的风吹雨打、冰雪风霜，以及十次水灾、八次战乱，却几乎安然无恙。为什么有这样特别的设计呢？桥梁的设计师是谁呢？这样的设计有什么好处呢？

小8笔记

赵州桥

亦称"安济桥"。在世界桥梁史上，其设计与工艺之新为石拱桥的典范，其跨度之大在当时亦属创举。

为什么是李春担任总设计师

公元589年，隋文帝消灭了陈国，结束了长期以来南北分裂的局面，统一了中国，自此开始了发展经济的新阶段。

赵县是南北交通的必经之地，商贸来往十分繁忙，水路是很重要的交通途径。但是城外的那条洨河却远远不能适应形势的需要了，它的支流多而短小，枯水期绝大部分河段干涸，船只不能通行；而一到雨季及汛期，洪水泛滥，它的水面高涨，会冲毁河上的几座小桥，阻断两岸百姓的来往，大大影响民生和贸易。

公元605年隋炀帝即位，他听取了各方面的意见之后，毅然决定要在洨河上建造一座桥梁，结束长期以来交通不便的情况。这是一项重要的工程，应该交给谁来做呢？

隋炀帝召集大臣们来商议此事。很多大臣都说："这项工程，只有交给李春来做，别无他人！"

原来李春是当时隋国的名匠，经手完成过很多重大建筑工程，名气很大。

于是朝廷便任命李春为建造这座桥的总设计师，负责大桥的设计和施工。李春的心头很沉重，他知道这是一项艰巨的任务，但他决心全力以赴，造好大桥，为民造福。

桥址怎么选 ？

李春率领一批工匠来到洨河地区，他要对洨河和两岸

的地质情况进行实地考察，以便选定建桥的地点。

经过全面和周密的勘察，他选定了一处地点，说："就在这儿吧！"

其他工匠问他为何要在这儿造桥。他说："你们看，这里有一片密实的粗沙层，其下含有细沙、细石、粗石和黏土层，正好可以作为大桥的天然地基，坚实可靠。我们再在上面覆盖四五层石料，砌成桥台，就是两边的桥墩，这样的基础是稳固的。"

事实果然如此。按现代的验算，密实粗石层每平方厘米能够承受4.5到6.6公斤的压力，赵州桥对地面的压力是每平方厘米5至6公斤，所以这个坚实的基础能承受住大桥的载荷量。一千多年以来，赵州桥的桥基仅仅下沉了五厘米，这说明该桥的选址是十分正确的，完全符合科学原理。

为什么设计成单孔桥

李春和同行们开会研究大桥的设计方案。

李春拿出一张画稿，首先发言："我这次想造一座单孔大石桥……"

众人都很诧异，因为传统的造桥法都是多孔的，以便桥身在河水中有多个支撑点。李春迎着大家疑惑的目光，接着说："洨河的水灾严重，洪水猛烈，常常把堤岸房屋都冲垮。多孔桥有很多桥墩，若是被洪水冲垮一两个桥墩，整个桥身就会受影响，很可能就要坍塌。"

他讲得很有道理，大家都点头称是。但有一位工匠提出了疑问："可是，单孔桥很难造啊，你们看，这河面很宽，桥身的跨度很大，中间没有支撑点，很容易被桥上的重量压垮呀。"

这位工匠说的话也很有道理，一时间众人不知所措。只见李春不慌不忙地指着图纸说："我早就考虑到这个问题了，所以大家看，我设计的桥身是扁平的弓形，而不是一般的半圆形。这样一来，桥身不会太高，只有七米多，坡度不大，方便人们和车辆行走；更重要的是，可让桥面承受的压力分散到两边的桥墩上去，减少桥身的受压重量。"他的话说服了大家，大家都赞同这个设计方案。

李春还讲解了他对桥身的设计：用二十八个石拱券并列在一起作桥面，用铁钉把一个个拱券连起，再用九根铁梁横穿拱券背。这样，二十八个拱券就连成一体，使得桥

身非常稳固。这种拱券设计的一个好处是：即使二十八个拱券中坏了一个，也不会影响整座桥，修补时不用牵动全局，也不妨碍桥上交通。

李春周密细致的考虑令众多工匠佩服得五体投地，大家都一致同意他的设计方案。

可是，李春还是仔细思考自己的设计，总觉得还有些地方不够完善。

晚上，他在房间里踱来踱去，思索着。他走到桌边，随手拿起水壶往杯子里倒水喝，因为他专注地思考，心不在焉，没留意到水已经溢出了杯子流到桌上。见到这情景，他猛然醒悟：对了，扁弧形的设计使石桥的高度大大降低，但是洨河经常发大水，万一洪水漫过桥面，冲击桥身，这力量很大，石桥能受得住吗？

他急忙坐到书桌旁，抓起图纸，想办法解决这个问题。

经过一夜的思索，他终于想出了一个绝妙的办法——在桥身两边的桥肩部分都分别加上了一大一小两个弧形小拱。这是一种打破传统的崭新设计，人们称它为"敞肩拱"，它的好处有多个方面：可以增强排洪能力，涨水时，一部分水可以从这四个小拱里流过，使水流畅通，减轻洪水对桥身的冲击力；其次，这样的设计可以节省大量的土石材料，减轻了大桥本身的重量，增加桥梁的稳固性；四个小拱均衡对称，与桥身的弓形结构形成一幅轻盈美观的图画，令人赏心悦目。这种拱上加拱的桥型设计，在欧洲直到十四世纪才出现，比赵州桥晚了七百多年。

建桥成本怎么省

到了桥梁施工阶段，李春又着重考虑如何节省建材，以减轻建桥成本。

原先一个石拱券就要用一个木头拱架作为模型来制作，很费工夫和木材。李春告诉木匠说："你们不用做二十八个拱架，只要做一个就够了。"

大家感到很奇怪，问道："桥身不是需要二十八个石拱券吗？那就要二十八个木拱架呀，一个怎么够呢？"

李春胸有成竹地说："这就要靠大家了！你们把一个木拱架做得结实些、耐用些，石匠们在用它制作石拱券时小心些，这个木拱架就可以反复使用，用不着每个拱券都做一个新木拱架。这样我们可以省下很多时间和木料

呀！"大家听了，明白李春的用心良苦全是为了民众，个个心服口服，都同意他的想法。心齐了行动就一致，大家在施工时做得特别仔细和小心，不弄坏木架，以便循环利用，果真省下一大笔钱。

除此以外，四个"敞肩拱"也省下了二百六十立方米的石料。建桥用的木头、石块等建筑材料，李春都是就地取材，采用当地生产的青灰色沙石作建桥石料，质地坚硬，经济实惠，又省却了长途运输的费用和时间。

李春运用自己多年的实践经验，抱着一心为国、为民造福的宏志，发挥了他的聪明才智，别具匠心、出色地完成任务，建成了这座赵州桥。它的设计构思和工艺的精巧，在当时是一个空前的创举，把中国古代的建桥技术提高到一个新水平。它高超的技术水平和艺术价值，不仅在中国古代的桥梁建筑史上首屈一指，也受到国外专家的普遍赞赏。这种特别的建造法使这座石桥稳稳站立了一千四百多年，且不说风雨的侵蚀和洪水的冲击，即便在1966年3月8日和22日邢台两次大地震中，赵州桥距离震中只有四十多公里，都没有受到破坏。它是世界上保存最完好、最古老的一座单孔大石桥。

中国建筑学家梁思成认为："河北赵州安济桥……可

称为中国工程界一绝。"

外国桥梁专家福格·迈耶说："罗马拱桥属于巨大的砖石结构建筑……独特的中国拱桥是一种薄石壳体……最省材料，是理想的工程作品，满足了技术和工程双方面的要求。"

1961年3月4日，国务院公布赵州桥为第一批全国重点文物保护单位。

1991年，美国土木工程师学会选定它为世界第十二处"国际土木工程里程碑"，并在桥北端东侧建造了铜牌纪念碑。

在赵州桥一旁的公园里有一尊李春的雕像，这座立像为学士打扮，左手持一卷图纸，面容刚毅聪慧。这位心灵手巧、不畏辛劳的工匠，也是一位才智出众、富有创造精神的建筑大师。他默默地劳动一生，他的劳动成果在中国的建筑史上留下了光辉的一页，为千千万万的人所津津乐道。

小8学堂

赵州桥展现了李春在桥梁设计和施工方面的卓越才能，也凝聚了中国古代工匠的智慧和创造力。请你结合文章，谈谈李春设计的赵州桥和其他桥梁有什么不同之处。

毕昇发明活字印刷术

毕昇（?—约1051），北宋人，雕版工匠兼发明家，发明活字印刷术，促进了印刷业的发展。

课本链接《义务教育教科书　中国历史七年级　下册》第二单元第13课《宋元时期的科技与中外交通》

古代印刷技术是如何发展的？

我们每天都看书、看报、看杂志，收到各式各样的宣传纸、公私信件……这些都是印刷品。我们的生活离不开形形色色的印刷品。你知道吗？最早的文字印刷技术是中国人发明的，其中也有一段漫长的发展过程。

大家都知道，在没有纸张的年代，人们最初是在龟甲或兽骨上刻字；后来进展到在竹片或木简上写字；自从发明了轻薄、方便携带的纸张后，免除了用车马运载笨重的竹木尺牍的麻烦，书写也上升到一个新水平。但是，那时的书本完全是由人一个字一个字抄写成的，抄书速度慢，又容易出错，而且一次只能抄一本。于是，东汉的大臣蔡邕（yōng）从图章上得到启发，建议朝廷把一些重要的文章刻在石碑上，涂上黑墨，然后用纸一拓，揭下来就变成了黑底白字的书了。这种拓碑法是最古老的印刷术。

可是，在石头上刻字很费功夫，而且拓出来的文字是反的，读起来很不方便。于是，唐代有人发明了雕版印刷，即先把文字抄在半透明的纸上，把纸反贴在一块坚实

的枣木或梨木板上进行雕刻，刻好后涂上一层墨，铺上纸印刷。这样可以用同一雕版印几百几千本书，方便很多。唐代曾经用这个办法印了许多佛经和佛像。1899年，甘肃敦煌莫高窟发现了一卷雕版印刷的《金刚经》，卷尾有"咸通九年四月十五日"的字样，即公元868年唐朝年间制成。这是中国古代发明印刷术的一个重要见证。

到了宋代，雕版印刷已经有三百多年的历史了，那时流行在硬木板或者铜板上雕刻，再经刷墨、铺纸、加压，就印出了一篇文章。宋版书都刻得非常精美。

毕昇怎样在三天内交出新雕版？

北宋时，雕版印刷业开始发展，很多人从事这一行业，毕昇是其中的一个印刷工人，他既能刻字，又会印刷，技艺出众。

在长期的实践工作中，他发现了雕版印刷的很多弊病：一是雕刻一本书耗费的人力和时间太多，雕版工人辛辛苦苦刻完一版，如果雕错了一个字，整块版就只好作废，一切要从头刻起，往往会耽误出书时间；二是每当印好了一本书，这些木板也就没用了，只能当柴烧，如此一来，印出一本书的成本也就很高。譬如当时雕刻《大藏经》，竟花了十二年，用了十三万块木板。他见到堆积如山的废木雕版，觉得很可惜，总想着要有些办法来改变这种情况。

有一天，毕昇去开工的时候，听到老板在大声喝骂："是谁刻的这块版？瞧，这个字少了一横！"

毕昇上前一看，正是自己昨天刻的一块版出了错！他老老实实承认了。

老板冷冷地说："这本书三天后要出版的，你自己想办法三天内重新刻出来吧，若是因你这一版耽误了出版日期，你自己承担后果。"

大家都知道，一个技工每个月只能雕刻四五块版，平均刻一块版要用六七天的时间，要在三天内完成简直是不可能的事，这就意味着毕昇只能卷铺盖走人了。

谁知毕昇胸有成竹地答应了三天内交出新雕版，大家都感到很惊讶。

原来毕昇早就在考虑改进目前的雕版印刷术了，他想：要印刷的书籍所用的字有很多是相同的，能不能做一

套这些常用字的单字字模，印书时找出来排版，印完后可以拆下来，下次再用。比起雕版的费工费料，这种活版可以省工省料，方便得多。所以他早就在家中动手了，他一有空就把一些汉字分别刻在一块块小木头上，已经刻了一大堆。这次失误又逼着他加速研究这项技术，而且给了他一次试验的机会。

一连两个晚上，毕昇把自己关在屋子里埋头苦干。到了第三天，他果真拿着一个做好的版面交给老板。老板不敢相信自己的眼睛，他仔细对照着原文校对了一次，一个错字也没有！他想问问毕昇是怎么做到的，但是毕昇打定主意辞职，不在这儿干了。

毕昇自己开设了一个工作坊，继续研制活字印刷。

木刻活字有什么优缺点 ？

毕昇做了几次试验，发现了木刻活字的缺点。

他的做法是在一块块同样大小的木块上刻字，刻好后把它们整整齐齐地排列在一起。怎么样才能使这些活字在

印刷时不松动呢？他在一块四周有框的铁板上涂一层松脂蜡之类的黏合物，再把一个铁制的框子放在铁板上，框内分隔成许多小方格，把要印的木块字一一排在小方格里，排满一铁框为一版，拿到火上去烤，松脂蜡受热后稍微熔化，此时用一块平整的木板压在字面上，铁框里的字就整齐地黏成一块版，可以印刷了。印完后再次烘烤铁板，松脂蜡一熔，活字块就可取下，供下次再用。这种活字印刷

又快又好，是印刷史上一次划时代的大改革。

可是，毕昇发现，这些用木头做的单字模，印刷几次没问题，但木字模吸水性强，多印几次后，笔画胀大，而且字模很难从版上取下来，多次拆拆装装后字体会变形，排版时亦会凹凸不平，印出来的字迹越来越模糊不清。看来字模不能用木头做，要重新寻找合适的材料。

他又开始了新的试验，试用了多种材料，但都不理想。

毕昇从骰子中得到了什么启示

为了寻找制造活字模的材料，毕昇煞费心思。

有一天，他看见妻子用瓦罐烧水，便灵机一动，想到把字刻在泥坯上，这样就不会吸水受潮了。他就用泥土来刻字，但是这些泥字模很容易碎裂。

毕昇为这个难题冥思苦想，想得头昏脑胀，就到屋外去散散步。一出门外，他看见几个孩子蹲在地上玩骰子，骰子被孩子们扔在地上，铿锵有声。他受到了触动，走过去拾起一颗骰子细看，发现它非常坚硬，便问孩子这骰子是怎么做出来的。孩子回答说："这是用胶泥做的，做好后放在火上烤一烤。"

毕昇受到启发，立刻回家取来黏性很强的胶泥，即烧制陶器用的黏土，用水调和，做成一个个小方块，风干后刻上字，再放到火里烤，然后就得到了像瓷一样坚硬光滑的字模。这些字模又硬又不吸水，加热后不变形，印刷上千次也一样清晰，即使排错了字，更换也很方便。试验初步成功后，他就在自家后院搭起一座小土窑，再用胶泥制了五千多个边长半寸的方形活字模，放在窑里烧了两天，于是一套不吸水、笔画清晰、坚硬的活字模终于制成了。

为了加快印刷速度，毕昇准备了两块铁板，一块在印刷时，另一块就在排字，两块可以交替使用。一部书稿中相同的字就多制一些字模备用，生僻的字可以即时做出来。拆下的字模分类储存，以后用时很容易找到。

毕昇发明的活字印刷术具备了现代印刷术的三个步骤：制造活字、排版、印刷。在他之后，虽然印刷工艺不断改进、日趋完善，但其基本原理仍与毕昇的活字印刷术相同。

活字印刷术对
现今有什么影响

？

元朝的王祯受毕昇活字印刷术的启发，用硬木做活字块，提高字模的高度和紧密度，并采用转盘排字法。后来人们又相继发明了铜活字、锡活字和铅活字，技术越来越进步。十四世纪时，活字印刷术传到朝鲜和日本，后经新疆到波斯（今伊朗）、埃及等中亚地区，再传入欧洲。法国汉学家儒莲曾将史书中介绍毕昇发明活字印刷术的一段文字翻译成法文，他是最早将这段史实介绍到欧洲的人。

活字印刷术的最后一次重大革新发生在十五世纪时的欧洲——德国人古登堡用铅、锡、锑（tī）的合金制成拼音文字的活字，发明了铅活字印刷术，印出第一部拉丁字母的《圣经》，这时已比毕昇迟了四百年。这种铅字冷却凝固后笔画清晰，印刷时又能吸紧油墨，是一种非常理想的活字。一直到二十世纪九十年代，我们的大多数书籍都是使用这种铅活字印刷的。

毕昇发明的活字印刷术，节省了大量的人力物力，也

小8笔记

19世纪中叶以来，随着新科学技术的不断发展，印刷术的应用也有了很大演变。除在纸张上印刷外，人们还可以在纺织品、金属、塑料、皮革、木板、玻璃、陶瓷等表面印刷。

提高了印刷的速度和质量，比先前的雕版印刷要优越得多，是印刷史上的一次大革命。

虽然现在印刷业已采用照相版排字，并利用电脑或激光等先进技术印刷，但是毕昇发明的活字印刷术被世界各地使用了很长时间，推进了世界文明的进程，为今天的印刷术奠定了基础。

小8学堂

毕昇在研究活字印刷术的道路上历经艰辛，最终发明活字印刷术，展现了他持之以恒的精神，为后世留下宝贵的文化遗产。请你结合文章，谈谈毕昇在发明活字印刷术的路上做了哪些尝试。

农学家王祯

王祯，生卒年说法不一，中国古代农学家、农业机械学家，倡导种植桑、麻、棉等经济作物，推广先进农具，撰写《王祯农书》，改进活字印刷术。

课本链接 《义务教育教科书　中国历史七年级　下册》第二单元第13课《宋元时期的科技与中外交通》

王祯有怎样的县政经验？

王祯，元代山东人，曾担任过宣州旌德（今安徽旌德）及信州永丰（今江西广丰）两地的县尹。

他是一位万人称赞的好官，办事公正无私，恪尽职守，勤奋踏实，为百姓办了许多好事，《旌德县志》中有很大篇幅记载他的事迹。古代为官的往往过着奢华的生活，但是王祯当县令时生活俭朴，从不受贿，也不重征赋税，还经常把自己的薪俸捐给当地兴办学校、修建桥梁、建造庙宇、整修道路，他施舍医药、救济有病的穷人、教农民种庄稼……兴办了不少造福大众的公共事业，获得百姓的拥戴。百姓对这位县官好评如潮，称赞他"惠民有为"。

我们可从下面一件事看出这位县官是怎样一心为百姓排忧解难的。

旌德县多山，耕地大部分是在山上，平日靠雨水灌溉，禾苗才能生长。有一年碰上旱灾，好久没下雨，眼看着田地里的庄稼都快干死了，农民们心急如焚。王祯

上山视察，看到这一现象后，他的内心很不安，于是苦苦思索解决的办法。

他走到山下，看到有很多河流和小溪，里面水流潺潺，并不缺水。

如何才能把这些水运送到山上去呢？他想起自己从家乡来旌德赴任的时候，曾经在路上见到一种水转翻车（也叫作龙骨水车），是利用齿轮转动的原理把低处的水通过一片片木叶板不断翻刮而运送上来。他立刻凭记忆和创新思路，画出了图纸，召集木工和铁匠赶制出来。就靠着这几架水转翻车，旌德农民顺利抗旱，保住了一大片山地的庄稼。

王祯对那些只知道鱼肉百姓的贪官污吏进行了无情的抨击："这些人自己都不懂农作之事，怎能劝农？""他们往往以劝农为借口，前呼后拥，下乡敲诈勒索，名为爱民，实是害民……""这些当官的只知道骄奢，从不想想自己所用的一寸丝、一口饭都出自野夫田妇之手！他们横征暴敛，尽力搜刮民脂民膏来养肥自己！"王祯的这些抨击一针见血，充满对穷苦百姓的深切同情。

什么是"以农为本"的工作思路 ?

元世祖忽必烈在位时，很重视农业生产对富国安民的意义，开始采取一些发展农业生产的措施，如设置劝农官、建立专管农业水利的司农司等，因此农业生产技术不断提高，生产经验也日渐丰富，多种有关农业科学的书籍问世。王祯读后受益不小。

王祯认为"民以食为天"，吃饭是百姓的头等大事，国家和地方政府的工作首先是要让百姓吃得饱、不挨饿。因此，作为地方官，应该熟悉农业生产知识，才能领导好

当地的生产，才能担负起劝导农桑的责任。

　　无论是在旌德还是永丰当县尹，王祯都把农业生产作为自己的主要工作。他搜罗历代的农书，孜孜研读，先用知识武装自己。他的劝农不仅是要农民种粮食，还劝他们种一些经济作物。他采取的方法是每年规定每户农民种植一定数量的桑、麻、棉等作物，他引进优良品种和传播先进技术，从播种到收割的方法，他都一一加以指导；并画出各种农具的图形，要百姓仿造并使用。同时，他自己还常常下田示范操作并讲解，帮助农民掌握先进的种植方法。每到一地，他首先留意当地的农事操作和农业器具，细心观察，发现问题并着手解决。他以奖励农业和教育为主，经常自己掏钱购买桑树苗、棉花籽送给农民试种，尽量减轻农民的负担。他的劝农工作成绩非常好，对发展当地农业生产起到了很大的推动作用，他自己也从中积累了丰富的农业生产知识。

开始时，有些农民不理解，说："我们的本分是种田，我们世世代代都种田，怎么还需要别人来教呢？"有些官员也不明白，认为王祯的做法不切合实际。但是王祯耐心向大家解释多种种植的好处，坚持推行自己的做法。等到农民在多种种植中获得了很大益处，这才明白王祯的良苦用心。

《王祯农书》有什么特点？

王祯继承前人在农学研究上取得的成果，总结了元朝以前农业生产实践的丰富经验，并融入了他自己在两地当县尹时领导农业生产的体会，在公元1300年左右写成了一部农业科学巨著《王祯农书》，全面而系统地解释了农业生产。公元1313年，王祯又为此书写了一篇自序，正式刻版发行，它在中国农学史上占有极其重要的地位。

《王祯农书》有四大特点：

一是书中比较全面系统地论述了广义农业（农、林、牧、副、渔）的内容和范围，概述了中国农业生产的起源和发展史，总结了中国人民长期以来积累的农业生产经验，对农业种养中的各项技术问题，如树木种植、家禽饲养，以及养蚕、养鱼、养蜂等方面也有简明扼要的叙述。书中还探讨了农业生产中客观环境的复杂性和规律性，强调了农事中要尊重天时和地利等自然规律，但也要发挥人的主观能动性。

二是书中深入细致地分析和比较了南北方农业的异同之处，包括南北方农业技术和农具的应用、功能等。因为王祯成长在黄河下游齐鲁一带，又长期在南方做官，对南北方的农业生产都比较熟悉。在他之前的古代农书都是分别总结北方或南方农业生产经验的，像他这样兼论南北方的农书是前所未有的。

三是书中有比较完备的《农器图谱》。这是全书最有特色、最有价值的部分，占全书五分之四的篇幅。他介绍了当时和之前的农具，以及他自己创制的一百零五种农具、农业机械和生活用具，共二百五十七种，并逐一绘成三百零六幅图谱，附有文字说明，介绍各种农具的构造、使用方法和功能。他还对一些早已失传的农业机械进行多方求证、研究，并将其复原，如牛转八磨，边缘滚轮磨，用风箱鼓风炼铁的水排，兼具磨、砻（lóng）、碾三种功能的水轮三事等。在他之前的农书只有介绍农具的文字，没有图。这部分《农器图谱》是王祯在古农书中的一大创举。

四是王祯在书中的《百谷谱》部分分门别类地介绍了八十多种粮食作物和经济作物的起源、品种和栽培方法。他的叙述简要明晰，通俗易懂，并能生动描述植物的形态和特性（例如他描述冬瓜：生在藤蔓下，大得好似斗而且更长，皮厚有毛，初生的青绿色，经霜打后变白色，好似涂了粉，内中的肉和籽也是白色的）。这在古代农书中是少见的，也是王祯的一项创举。

王祯在书中也介绍了很多施肥和灌溉的办法。他依据各地的风土和农业生产知识绘制了一幅《全国农业情况图》，帮助人们辨别各地不同土壤，并实行因土种植和因土施肥。

《王祯农书》共三十七卷，约十三万字，规模宏大，范围广博，内容丰富，图文并茂，特色鲜明，全书内容涉及全国南北方十七个省区，对全国的农业做了全面系统的论述，这是以前任何一部古代农书都做不到的。它是一部农业百科全书。它的很多内容被日后的农学著作引用，是一部科学价值很高的巨著。

王祯对活字印刷术作了什么改进 ？

　　王祯除了在农业科学方面的杰出成就之外，还对印刷技术的改革作出了可贵的贡献。

　　他觉得之前毕昇的胶泥活字难于着墨，印坏很多，也不能长久使用。经过反复试验，他请工匠用硬木刻了三万多个活字，提高了印刷效率。同时，他发现几万个木活字一字排开，排字工人穿梭来往，拣字很不方便，就设计制造了转轮排字盘——用轻质木材做成一个直径七尺的大轮盘，装在一个三尺高的轮轴上，可以自由转动。再把木活字按照古代韵书的分类法，分别放在盘内的一个个格子里。排字工坐在两个这样的大轮盘之间，转动轮盘就可找到需要的字，王祯称为"以字就人，按韵取字"。这样既提高了排字效率，又减轻了排字工的体力劳动，是排字技术上的一个创举。

　　公元1298年，王祯用这种新方法试印了由他主编的《旌德县志》，六万多字的一部书，不到一个月就印出了一百部，速度惊人！这是古代有明确记载的第一部木活字印本，可惜已经失传了。根据这次实际经验，他写了一篇《造活字印书法》，记录了制作木活字、修字、选字、排版、印刷的方式方法，并绘制了"活字版韵轮图"附在农书末尾，成为印刷史上的珍贵文献。

元代的木活字印刷技术还流传到了少数民族地区。法国人伯希和曾在敦煌发现并盗走元代的几百个维吾尔文木活字。

博学多闻、才华横溢的王祯不愧为十四世纪中国伟大的农学家和发明家。2015年，他的名字被列入造纸工业世界名人堂，这是继蔡伦之后，中国第二位造纸印刷行业的大师得到这一殊荣。

小8笔记

活字印刷始于宋代的泥活字。在我国印刷史上，木活字的重要性仅次于刻版，自元至明清各代流行很广。

小8学堂

王祯在农业科学领域深耕多年，撰写了《王祯农书》，同时他还改进了活字印刷术，为文化的传播作出了巨大贡献。请你结合文章，谈谈《王祯农书》的问世给我们带来哪些启发。

中国铁路之父 詹天佑

詹天佑（1861—1919），中国第一代铁路工程师，成功主持修建京张铁路。

课本链接 《义务教育教科书 中国历史 八年级 上册》第八单元第25课 《经济和社会生活的变化》

　　"不到长城非好汉"，你去北京旅游的时候一定会去长城。而坐火车上长城你将会感受到——列车时而穿越千米长的隧道，时而攀爬高峻的山坡，时而又行进在从山峰旁开凿出来的平坦路轨上……你一定会赞叹：在雄伟的山区修建这条铁路真是不容易呀，这是谁的功劳呢？

　　列车到达青龙桥车站时，你会看到站台旁矗立着一位老人的青铜像，他神情威严，目光炯炯。这就是一百多年前顶着国内外种种压力，历经艰辛，主持设计修建这条京张铁路的铁道工程师詹天佑。

七岁的詹天佑在做什么 ？

　　詹天佑生于广东南海，出身于清朝一个茶商家庭。父亲望子成龙，自他两岁时就教他识字，后来送他去私塾上学。可是詹天佑不爱读那些四书五经和八股文章，却对机械很感兴趣。他常常把玩一些小齿轮、螺丝、发条等机械

零件，还用泥土捏成各种机器模型。有一天，他在私塾里见到一本《天工开物》，那是明朝人编写的一部全面记述古代工农业生产技术的巨著，图文并茂。詹天佑立刻被它吸引，爱不释手，老师疼爱这个聪颖的孩子，就把书送给了他。读了这部书，詹天佑对机械的兴趣更加浓厚，并参照书上的图样制造一些战车、轮船等小模型。

有一天，他忽然对家中墙上挂着的自鸣钟大感兴趣，想知道它是怎么会发声报时的，便趁家中没人，把钟搬下来，将零件一一拆下来观察，研究里面大小齿轮的排列。他的妹妹见到散落一地的零件，吃了一惊，以为哥哥把钟弄坏了。但是詹天佑不慌不忙，依据心中默记的顺序，居然把齿轮都组合好，自鸣钟恢复了正常的运作。这时的詹天佑只有七岁！

中国第一批留美学童有怎样的经历

1872年，詹家的一位同乡好友见天资聪颖的詹天佑对科学和机械特别感兴趣，便资助他考进了清政府举办的

"幼童出洋预备班"。十二岁那年，詹天佑作为第一批留学生乘船去美国，他以优异的成绩完成了小学和中学课程，十八岁考入美国耶鲁大学土木工程及铁路专修科。

在国外的詹天佑深切体会到，由于祖国的贫穷落后，没有国际地位，所以中国人备受外国人歧视。他决心要掌握先进的工业技术以回报祖国。在亲眼看到外国一日千里的铁路技术后，他心中发誓要让中国也有自己的铁路和火车。四年内他刻苦学习，1881年获得学士学位，是一百二十名留学生中得到学士学位的两名学生之一。他胸怀发展祖国铁路事业的热忱，回到了分别八年的中国。

可是当时中国政府没有建设铁路的计划，詹天佑被派去学习驾驶海船，学非所用。直到1888年，他才得以进入中国铁路公司任职工程师，从此开始了他为中国铁路事业奋斗的生涯。

詹天佑完成了哪些艰巨任务？

詹天佑一上任，就接受了修建塘沽至天津铁路的建

筑工程。这条线的路面铺轨很艰难，他全心投入，精心设计，仅用了八十天，就指挥完成了铺轨工程，显示了他的非凡才能，在通车仪式上受到了洋务大臣李鸿章的夸奖。

1891年，詹天佑又遇到了一个挑战：从天津到山海关的津榆铁路修到滦（luán）河，要造一座横跨滦河的铁路桥。滦河的河床泥沙很深，水涨流急，总工程师英国人金达认为这样艰难的工程只能由世界一流的英国工程师来设计，没想到失败了。金达就请日本工程师包工做，但也败下阵来。最后让德国工程师出马，却也没有成功。眼看交工期限快到了，金达着急得很。

这时，詹天佑毛遂自荐："让我来试试吧！"

金达不相信几位外国专家解决不了的问题，中国人能解决。但是迫于形势，只得同意。

詹天佑吸取了以前几位工程师的教训，分析他们失败的原因，认真做了实地调查，并虚心倾听施工人员的意见，最后改动了桥址，用中国传统的方法配合机器打桩，终于战胜了泥沙和急流，顺利建起大桥。一个中国工程师居然解决了三个外国工程师无法解决的大难题，詹天佑从此令人刮目相看。1893年，他获选为英国土木工程师学会的会员。

1903年，他仅仅用了四个月，修建了一条四十多公里长的铁路支线，由北京直通西陵，专供皇室祭祖用。这条路线虽然价值不高，却是完全由中国人设计和施工建设铁路的开始。

建造京张铁路有多难？

1905年，清政府决定兴建北京至张家口的铁路。张家口是北方军事重镇，是北京通往内蒙古的要冲，也是南北商旅往来的通道，一向是兵家必争之地。修建京张铁路对加强西北国防有着重要的意义。

接下这项大工程必能得到丰厚的利润，英、俄两国都争着要得到筑路权。最后清政府宣布"不借外债，不用洋匠，全部由中国人自己修筑和经营"，并指派詹天佑为总工程师。

消息传出，外国报刊挖苦说："能够修筑这条铁路的中国工程师还没出世呢！""中国想不靠外国人自己

修铁路，至少也还要五十年！"他们甚至攻击詹天佑担任总工程师是自不量力、狂妄自大……就连国内不少官员也怀疑詹天佑不能担此重任。这些压力促使詹天佑下决心完成工程，为中国人争气。他表示："中国地大物博，修建一条铁路要用外国人，我认为是可耻的！中国已经醒过来了，中国人要用自己的工程师和自己的钱来建铁路！"他提出工程要做到"花钱少、质量好、完工快"的口号。

京张铁路全长二百多公里，沿途大部分是高山峻岭，中间要经过险峻的燕山山脉，尤其是从居庸关、青龙桥到八达岭，这二十多公里全是悬崖峭壁，地势渐渐升高。在这种地形修建铁路，连洋人也不一定能胜任。

詹天佑带人白天骑着毛骡翻山越岭勘测地形、选定路线，晚上绘图计算，制订施工方案，往往通宵达旦地工作。

1905年年中，京张铁路正式开工，一个个困难接踵而至：线路要经过皇亲国戚的墓地，受到阻挠，詹天佑不得不忍辱负重，与权贵周旋；缺乏机器设备，器材要靠人力搬运；银行贷款迟迟不到，经费青黄不接……詹天佑绞尽脑汁、花尽力气把困难一一解决，一寸寸地把工程向前推移。

　　工程分三段进行。年底在丰台铺轨时，工程列车中有一节车钩的链子折断了，造成了车厢脱轨事故。这次意外促使詹天佑考虑如何使列车的车厢之间能够紧密相连，以确保安全。于是他改良了美国人1879年的一个发明，用自动挂钩使几十节车厢牢固地接合成一体。

　　第一段工程不到一年就完成了。第二段工程虽然只有十七公里长，但铁路处在高山深谷中，必须开山填沟、铺平路基，还要开凿四条总长一千六百多米的隧道，工程十分艰巨。詹天佑把指挥部搬到工地，日夜与工人们一起干。他发誓：一天不打通居庸关、八达岭的隧道，就一天不回北京。

　　居庸关的隧道长四百米，山高岩层厚，为了加快进度，詹天佑想出了从山的南北两端向中间对凿的方案；但是八达岭隧道长一千一百米，两端对凿容易发生偏差，他就发明了"竖井施工法"，即在山的中段开一口大井，在井中再向南北两端对凿，这样果然快得多。但人力凿山速度很慢，他又大胆提出了炸开岩石的方法，加快了进度，一个月内就打通了隧道。凿洞时，大量石块全靠人工一锹锹挖并运出，涌出的水要一担担挑出来，身为总工程师的

詹天佑与工人一同挖石挑水，弄得一身污泥一身水。他鼓励大家说："全世界的眼睛都在看着我们，我们必须成功！"

这两大工程完成之后，其他两条隧道也接着顺利完成了。

下一步是解决列车爬上高坡的问题。从南口到八达岭地势太陡，如果采用常规的螺旋式线路，火车很难爬上去；如果沿山直上，工程造价高，行车也危险。詹天佑便设计了一个新方案：从青龙桥起，利用折线的办法，沿山腰建"人"字形轨道，既降低了坡度，也缩短了隧道。车行到此，便使用两个大马力机车前拉后推，这样既不需要盘山上升就能越过高峰，又省却了调动机车的麻烦。

第三段工程地势比较平坦，但要在湍流上造很多桥。詹天佑不用昂贵的进口材料，而是用中国自己生产的水泥和石料，造出的桥也非常坚固。

1909年，京张铁路全线通

小8笔记

京张铁路（今京包线北京至张家口段）于1905—1909年修建。在八达岭路段，詹天佑因地制宜运用"人"字形线路，减少了工程量，并利用"竖井施工法"开挖隧道，缩短工期。

车，只用了四年时间，比原计划提前了两年；经费也剩余二十八万两白银，费用只是当初外国人投标的五分之一！京张铁路不仅当时被欧美工程师视为奇迹，至今仍是世界上著名的铁路工程之一。

小8学堂

　　詹天佑在重重压力下，成功主持修筑了外国工程师都不看好的京张铁路。他的智慧和毅力铸成了中国近代铁路史上的一座丰碑。请你结合文章，谈谈詹天佑修筑铁路克服了哪些困难。

公开技术的化学
工业家侯德榜

侯德榜（1890—1974），化学家，创侯氏制碱法，开拓中国重化学工业，是世界制碱业的权威。

课本链接 《义务教育教科书　中国历史八年级　上册》第八单元第25课《经济和社会生活的变化》

经过五年的日夜奋斗，被苏尔维制碱（jiǎn）法的公司保密超过半个世纪的制碱技术，被侯德榜掌握了。他可以用这项化学工业技术来赚钱，将来会生活无忧。

可是，他决定向全世界公开他的技术。

两个人的支持，使他公开技术的决心更坚定。一个是化工厂的创办人范旭东，侯德榜的上司和支持者。一个是他的美国大学老师，侯德榜上课时，常常听到老师说：

"不造福人类的学问，不能称为科学。一个真正的科学家，不能把科学技术作为谋求个人财富的工具。"

侯德榜为什么从制革转向制碱？

科学里有一门学问叫作化学。化学家好像魔术师，能够混合一些东西，生成另外的东西，这个过程，他们叫化学反应。像用油和碱来做肥皂，就是一种化学反应。

今天，化学工业已经发展成很多部门了。你身边很多东西，例如塑胶、洗衣粉、油漆，以及让你的衣服五彩缤纷的人工染料；你在新闻里听见的很多词语，像人造纤维、化学

肥料、农药等，都是化学家制造出来的。早期的化学工业，还没有今天那么多产品，主要是生产染料以及三种酸、两种碱。纯碱就是其中一种。

纯碱是化学工业的基本原料，我们又叫它苏打，这个名字是从英文soda音译过来的。不过，你可以像化学家那样，记住它是碳酸钠（Na_2CO_3）。玻璃、灭火器、肥皂和洗洁精里都可以找到纯碱，做蛋糕、造纸也要它帮忙。从前能够大量生产纯碱的公司很少，既然很多行业都要用它，这少数能够生产纯碱的公司自然就垄断了市场。

侯德榜没有想过他会花大气力去打破垄断，成为世界制碱业的重要人物。

这个福建农家孩子从小爱读书，一边踩水车为田地灌水，一边还在诵读文章。姑姐见他好学，就资助他到城里读书。后来他考入上海一所铁路学校，毕业后找到一份安安稳稳的铁路工作。有一天，他看到清华学校（今清华大学）招生，这是一所留学美国的预备学校，他就放弃铁路工作，考入清华高年级插班。这是他学业上的第一次大转

变，这时他已经二十一岁了。在清华，因为他目标清晰，又肯用功，所以十个科目一共考了1000分。1913年，他以优异的成绩毕业，去美国麻省理工学院学习化工。

大学毕业后，他决心制造皮革。他进了一家专科学院，获得了专业制革化学师资格。接着他回到大学读硕士、博士，研究的仍然是制革。眼看制皮革将是他的终身职业，怎料1921年他获得博士学位时，创立制碱公司的范旭东却邀请他一起制碱。

讲到化学工业，范旭东也是行家，他很早就到日本的京都帝国大学读化学。但是要制造纯碱，却是一件技术要求很高的事，他跟工厂的几位工程师努力了两三年，没有进展。范旭东知道技术是关键，他到处物色人才。听人介绍侯德榜的才能，范旭东便诚恳地给他写信，邀请他一起为中国的制碱事业做贡献。收到这封邀请信，侯德榜很犹豫。制碱他并不懂，而制革已经学了好几年，怎能一下子就放弃呢？但是他再读范旭东的邀请信，又觉得化学工业在中国还是开荒阶段，能够和这样有雄心、有魄力又诚恳的人合作，机会难得。而且，侯德榜很明白，制碱是化学工业的重要基础。就是因为中国的化学工业落后，不懂得制造这些化工基本材料，外国货才能长驱直入。侯德榜于

是答应了范旭东。

永利碱厂是如何取得成功的？

　　化学工业是一门既要资金，又要知识的行业。当时最先进的制碱方法，由比利时人苏尔维在1865年发明，有几家公司买下技术，包括英国的卜内门化学工业公司。苏尔维制碱法的原理很简单，材料很便宜，由盐、二氧化碳和氨制成，但是具体的工艺技术很关键。它的特点是连续生产，七个流程的设备相连，像一条长龙，每个程序都正常运行，才能够成功。当时，掌握技术的各家工厂都自制重要的机器设备，想买也买不到。这几家公司约好了严格保密技术，大家都不申请专利，但是互相交流。公司的员工只知道自己负责的部分，并不了解全貌。许多国家的技术专家想了解它的技术秘密，多数人以失败告终。

　　范旭东的永利制碱公司设在天津，因为天津靠海，盐的来源不成问题。永利公司用重金买到一份苏尔维制碱法的简略资料，侯德榜回到中国，埋头钻研这份资料。在他面前，有一连串技术难题要解决。他跟工人一起操作，想通过亲身实践，摸索出这制碱法的奥秘。设计好设备，战战兢（jīng）兢地安装好，包括一个近十层楼高的蒸氨塔，这对侯德榜和永利公司而言已经是很不容易了。

侯德榜回国已经接近三年，虽然比范旭东自己做的前三年大有进展，但是仍然未研制出产品。不断投资，没有利润，股东自然有怨言。侯德榜深刻体会到创业的艰难。幸好这些压力，都由变身经营者的范旭东去应付，他才能够静心研究技术，逐一解决问题。

经过没日没夜的苦干，难题一一破解。1924年8月，永利碱厂正式投产。大家各守岗位，紧张而兴奋地期待雪白的纯碱出现。

然而，出来的碱是暗红色的！

永利公司已经没钱了，股东不肯再投资。面对工厂可能要停工，制碱事业将失败的情况，范旭东说服股东：这是最后一个问题了，大家再拿一点钱出来吧。

侯德榜和工程师耐心地寻找原因，找出纯碱变成暗红色是由于铁锈污染。侯德榜在书上读到在碱水中铸铁管比钢管耐蚀，范旭东又咬着牙，在所余无几的资金里，拿出几万元换了铸铁管。他们还从改善原料着手，用化学方法，使铁管内表面结成一层保护膜，防止锈蚀。经过差不多两年，1926年，永利生产出纯白色的优质碱，成为亚洲第一间新法制碱厂！不久，以红三角为招牌的永利纯碱，在美国费城的万国博览会上获得金奖，质量获得世界认可。

眼看永利的纯碱在市场上名气越来越大，英国卜内门化学工业公司凭自己资金雄厚的优势，打起价格战，以阻止永利的纯碱进入市场。永利只好亏本出售纯碱来应付，因为长期亏本，规模小、资金不足的永利公司又一次面临破产。范旭东大力开拓中国市场，同时将价格战打到日本，令卜内门公司无法再独占日本市场，才迫使卜内门停止价格战。

侯德榜为什么选择公开制碱技术

摸索到苏尔维制碱法的奥秘，永利公司本来可以高价售卖专利。永利刚好缺乏资金，卖专利得到的钱可以支援公司发展。但是侯德榜想把制碱技术公布给全世界。他读过印度诗人泰戈尔的诗："鸟的翅膀系上黄金，就再也飞不起来了。"他决心不做这样的鸟。

公司总经理范旭东还有很多宏大计划，等着用钱去实现，但是他听到侯德榜的想法，立即表示赞成。因为侯德榜未加入之前，他自己曾深受技术保密的苦，去参观英国、美国的制碱厂，工厂不给他们细看设施。有一次，外国公司的人还跟他说：你们要制碱，太早了，日本都做不出来，你们三十年后再制吧！既然没法知道制碱技术，工厂也就办不下去，建厂第二年，范旭东想卖掉工厂。来谈判买厂的外国公司拼命压价，范旭东一气之下拒绝了，继续苦苦支撑。范旭东想起这些年来，永利三次濒（bīn）临破产，吃尽技术垄断的苦头，他对侯德榜说："我们不

能今天受人欺负，明天去欺负人。公司支持你的想法，你安心去写书吧。"

得到范旭东的支持，侯德榜于是花了一年多时间，在美国整理五六年来积下的大堆笔记本、图纸，记录制碱法的原理、技术和自己辛苦摸索出来的经验，加上很多图，用英文写成《制碱》（*Manufacture of Soda*）一书。这本书于1933年在美国出版，几年之后发行了中文版。他选择先用英文写，好让全世界的化学家读得懂；想建造碱厂的国家，也可以用作参考，这样就可以打破那些掌握技术的公司的垄断了。果然，书一出版，这项保密技术被巨细无遗地公开，在学术界和工业界引起轰动。侯德榜在书里也谈到为什么要出这本书，他认为苏尔维制碱法有独特的技术要求，制碱厂因为这独特的技术要求而得到保护，其他人要经过多年亲身实践，才能够掌握技术，妨碍了大家探索开发新的制碱方法，所以没有必要再保密。

侯德榜不但把宝贵的方法写出来，他还接受邀请，在1945年初去巴西设计制碱厂，培训技术人员。1945至1949年，侯德榜五次去印度指导著名的塔塔公司改进碱厂的设备和技术，永利公司又派工程师驻印度几个月，协助其生产优质纯碱。

化学工业的基础是什么？

制碱厂成功后，范旭东的雄心又来了。三酸二碱既然是化学工业的基本原料，只能生产纯碱是不行的，酸和碱要"双翼齐飞"。中国如果能够生产化工的另一翼——酸，就能够自主生产化学肥料。

今天大家说化学肥料不好，要用天然肥料。那时候，中国因为用天然肥料，比不上用化学肥料的国家，农业生产水平也较为落后。

1934年，永利公司的纯碱才生产不久，资金还不够。范旭东靠借钱来建新工厂，所以开展新一翼，一定要投资少而有效。面对这个全新的任务，侯德榜又要重新学习，在书堆里钻。幸好这一次没有技术垄断的问题，关键是买入什么技术和设备。

侯德榜为了设计这个工厂，周密调查当时世界上的技术和设备。采购的时候，又要精打细算，凡是中国能够保证质量的，就在中国造。买外国设备时，要选择既合用又

廉价的，关键的设备则一定要选择优质的。最后他从英、美、德、瑞士等国的许多家工厂买来设备，加上中国造的，配成一套来生产。他几乎不是个化学家，而变成机械工程师和工厂建筑师了。

这样的工作辛苦吗？当然辛苦！侯德榜说，这些事每一件都令人烦闷。但是他和范旭东早就预料会有困难，所以从来没有盲目乐观。他出于责任心，日夜拼命地做，是不想万一失败，害得中国人以后都不敢投资发展化学工业。1937年初，这家重化工联合企业投产，技术与当时的国际水平一致。这个厂连同永利碱厂一起，奠定了中国基本化学工业的基础，也培养出大批化工科技人才。

这个工厂在1937年落成，这一年是日本全面侵略中国的一年。这一年，七七事变爆发，日本侵占卢沟桥，中国宣布全面抗战。范旭东和侯德榜这间新工厂建在南京附近。他们没有料到几个月之后，日军就逼向南京，以"工厂安全"为名，要求和他们合作管理南京工厂。侯德榜与工人们不但拒绝，还利用工厂设施，转而制造炸药和地雷壳，支援中国抗战。

战争期间侯氏制碱法
有哪些改进

战争形势很严峻，天津的造碱厂和南京的新化工厂都被日本占领。为了继续生产酸和碱，1938年，在十分困难的条件下，范旭东和侯德榜在四川西部筹建工厂。

制碱的主要原料是盐。四川自汉代就以产盐著名，但是四川的盐都是井盐，要从很深的井底一桶桶吊出来。由于浓度低，还要经过浓缩才能用来做原料，这样盐的成本就高了。恰恰苏尔维制碱法的缺点是盐的利用率低，有30%会被浪费掉。现实迫使侯德榜放弃苏尔维制碱法，另辟新路。

当时在德国和苏联都有人研究改良苏尔维制碱法，但工艺还未完善，生产有限。1939年侯德榜率队去德国考察，准备购买新制碱法的专利权。但是德国公司竟然提出用他们的专利生产出来的碱，不能销去中国东三省。原来德国当时已经跟日本结盟，而日本要将已占领的东三省从中国割出去。德国公司的条件，就是不承认东三省是中国的。这一点，侯德榜无论如何都不答应。买专利不成，他只好自行研究新方法。

就凭欧洲新制碱法的两份专利说明书，以及三篇期刊论文，他认真琢磨并不断分析，在美国拼命查资料、做研究，请教大学时代的老师，还要远程指示技术人员在中国做实验。一直做了五百多次实验，分析了两千多个样品，他们终于掌握了新制碱法，还发现新方法不完善的地方，加以改良，开发出了一种可以连续生产的新流程。新方法将盐的利用率提高到96%，本来用不上的废物变成原料，增加了化肥产品氯化铵，设备又减少了三分之一。1943年，中国化学工程师学会将这一新流程命名为"侯氏联合制碱法"。

可惜当时战争紧张，侯氏联合制碱法只能完成半工业装置试验，没有条件正式投入工业生产。

战后重建过程中有哪些故事？

1945年日本投降不久，范旭东突然生病去世。侯德榜痛失后盾支持，自己只好由工程师转为处理大局的总经理。当时的急务，是收回天津和南京的工厂，恢复生产。经过八年被占，这两家费尽心血建起来的工厂，几乎面目全非。尤其是南京的工厂，只剩下一间空屋，设备早在

1942年就被运去日本，安装在九州的工厂还在运作。侯德榜一再交涉，亲自去东京找盟军总司令部的美国人，好不容易才迫使日本答应归还。但是盟军总司令部不同意归还整套设备，而要先拆去机器中日本更新过的部分。侯德榜不答应，他的机器在1937年是能够运作的，因为损耗而换上新配件，那么归还的时候，为什么要拆去新配件呢？等于一辆车被偷时是能够行驶的，归还赃物时当然应该归还一辆可以行驶的车。经几次据理力争，侯德榜才在1948年取回全部机器。

永利公司的制碱历史，已经成为天津引以为豪的一段传奇。经过多年的改组合并，今天这家公司仍然在不断发展，它的旧厂房也变成了博物馆。

小8笔记

生产化学产品的工业部门，可分为两类：一类主要生产酸、碱、盐等；一类主要生产合成纤维、塑料、染料、药品、橡胶等。

小8学堂

侯德榜潜心奋斗数年，发明了侯氏制碱法，却选择无私地公开。请你结合文章，谈谈从永利公司的制碱历史中获得了什么启发。

初中毕业的数学家华罗庚

华罗庚（1910—1985），数学家，中国现代多方面数学研究的创始人，也是闻名世界的中国数学家。

课本链接《义务教育教科书 语文 六年级下册》第五单元第15课《真理诞生于一百个问号之后》

人人都说他是一个传奇，因为他只读到初中毕业，左腿又不良于行，竟然凭着自学，成为誉满世界的数学家。

华罗庚为何对数学产生兴趣？

华罗庚喜欢动脑筋，是个有分析头脑的学生，但是他喜欢玩，所以他的小学成绩并不好。1922年，他小学毕业，本来没有机会读中学。他的故乡在江苏常州地区一个

叫金坛的地方，恰巧这时当地读书人韩大受要推动家乡教育，创办了金坛初中，于是华罗庚幸运地可以在家乡继续读书。

刚入初中一年级的时候，他仍然很贪玩，常常跑去看戏，结果第一学期的考试，数学不合格。金坛初中规模不大，华罗庚那个班只有八个人。韩校长知道这个穷孩子要补考，劝他好好珍惜读书机会。受了这个教训，华罗庚便努力学习，初二以后，数学成绩颇为出众。以后考数学，如果题目容易，数学老师就会跟他说："今天题目太容易

了，你去玩吧！"

事实上，华罗庚的初中数学老师很会教书。当他讲两点之间线段最短的知识时，就拿狗吃饼举例子。他跟学生说，在一定距离的地方，拿饼叫狗来吃，狗一定是直跑过来，不会弯弯曲曲地跑来。可见狗也懂得两点之间线段最短这个道理。他叫不相信的同学，回家拿块饼试试，引得同学大笑不已。

华罗庚回忆起当年，并不怪老师不懂赏识人才，他说："不合格是应该的，小时候太贪玩了，未好好学习，再加上试卷写得很潦草，怪不得老师。"

华罗庚是个主动的孩子。班主任王维克老师是读数理的大学生，华罗庚知道他家里有很多书，常常向他借书看。王维克也觉得华罗庚肯动脑筋，有才华。他发现华罗庚借书杂乱，什么都想借，就告诫他："做学问好比挖井，要认定目标深挖下去，才能找到泉水。"可惜他在金坛初中只教了一年，就去法国留学了。

华罗庚在这人数不多、历史不长的初中学校，得到了关心和教育，奠定了他对数学的兴趣。十五岁时，他毕业了。没想到这就是他的最高学历。

华罗庚是怎样自学数学的 ❓

华家没有钱供他读高中，只能让他到上海读职业学校。这所学校虽然免了学费，但是华家交不起杂费和住宿费，于是华罗庚只读了一年，就退学回家，在父亲的小杂货店里帮忙。那时候，他有三本数学书，一本代数，一本几何，一本五十页的微积分。他在柜台前，帮忙招呼顾客、打算盘、记账，但是顾客一走，又埋头演算数学题了。有时做得入迷，忘了接待顾客，他的父亲又气又急，见他的数学书上全是看不懂的符号，就骂他只顾看天书。

1929年，王维克回到金坛初中做校长。他发现华罗庚失学在家，就请他到学校做会计。一个学期后，又准备搞一个补习班，让华罗庚去教数学。华罗庚只有初中毕业程度，本来不够资格教初中，王维克重视实力，不介意学历，他敢破格用人。谁料补习班还未开始，华罗庚染上伤寒，这是一种由细菌引起的肠道传染病。王维克不仅在经济上帮助华罗庚，还冒着被传染的危险去探病，给了他精神上的安慰。由于华家请不起医生，华罗庚只能听天由命。他在床上躺了半年，总算痊愈了，但是由于长期卧床，左腿股关节粘连，他变成拄着拐杖走路的残疾人。一个曾经活泼贪玩的孩子，变成一个走路困难的十九岁青年。

病好之后，王维克仍然让他在学校当庶务员。有人不满意王维克的安排，去教育部门告状，说他任用不合格的教员。王维克一气之下，辞了校长之职。幸好老校长韩大受也是欣赏华罗庚的，仍然让他当学校会计，维持生计，因为这时候他已经有妻有女，要养活一家三口。

数学只要有一张纸、一支笔，就可以做研究了。华罗庚走路不方便，书也没钱多买，工作之余，数学还是很适合他埋头研究的。他有时把研究心得寄到杂志上发表。知道谁的数学好，他也主动求教。他听闻金坛有一个同乡叫唐培经，到了清华大学数学系任教，他就给唐培经写信，请教数学问题，还附上他的数学演算。两个人未见过面，先以书信来往，成为朋友。

华罗庚在清华大学做什么工作？

1930年，华罗庚在《科学》杂志上发表了一篇讨论数学的文章，引起了清华大学数学系主任熊庆来的注意。熊庆来是个热心教育的人，尤其爱发掘人才，他觉得华罗庚在数学方面很有才华，是个人才，但他多年来聘请了许多数学教授，从未听过中国数学界有一个人叫华罗庚。他问系里面的人，有没有认识华罗庚的。唐培经于是把华罗庚的情况告诉熊庆来，说他是中学的会计，不是大学教授。熊庆来认为这样热心刻苦自学的人，又有一定的见解，应该设法让他有更好的学习环境，于是请唐培经联系华罗庚，请他到清华大学工作。

1931年，华罗庚坐火车到北京，唐培经拿着他的照片去接他，才知道他不良于行。

一个初中毕业生在大学可以做什么职位呢？熊庆来煞费苦心，安排了一个图书馆馆员的职位给华罗庚。工作就是管理系里的图书，收发一下文件，比较清闲，有时间学习。熊庆来把华罗庚的座位安排在自己附近，经常跟华罗庚谈论数学问题，有时请他帮忙批改学生的作业。

有个新生第一天来数学系，跟他聊天熟络起来，于是问他：

"你是不是这里的教授？"

华罗庚说："不是。"

"是不是学生或研究生？"

华罗庚说："也不是。我是这里的'半时助理'。"

新生摸不着头脑。

华罗庚解释说："大学毕业的当助教，高中毕业的当助理，我只是初中毕业，所以当个'半时助理'。"

华罗庚是单身到北京的，他的妻子和女儿仍然在金坛。每当放长假时回家探亲，熊庆来总是依依不舍，怕他嫌钱少，不肯再回来。华罗庚说：

"他哪里知道，清华给我的钱比金坛初中给的优厚多了。清华对我来说是求之不得的。"

华罗庚在数学系学什么

刚来清华的华罗庚，数学已有大学高年级学生的水

平。他想到自己读书少，别人用功，他就得加倍用功才安心，因此他一天工作、看书超过十二小时。虽然熊庆来安排他去听课，但华罗庚主要还是靠自学，乘大学图书较多之便，读了很多重要的数学著作，有一些还反复钻研过。在清华任职初期，他没有写数学文章，他认识到高级数学的领域既深又广，就不再做初级数学水平的文章。

同时，他还学英文、法文和德文。欧美国家的数学水平高，他要看懂用这些文字写的数学研究。他的英文不好，确实只有初中水平，但他努力读英文的数学著作。数理科目的英文对他来说比较容易学懂，华罗庚为了一口气读通一篇文章或一本书，第一次读的时候不查字典，猜测意思，再读才查字典，就这样，他慢慢掌握了英文的数学用词。

这样一年半之后，大家对华罗庚的水平比较了解，对他的刻苦钻研也很欣赏。

1933年，数学系提请理学院破格提拔华罗庚，升为助教。大学里面职员和教员是两个系统，所以这是一个重要改变。理学院院长叶企孙也是个爱才的人，他说："清华出了华罗庚是一件好事，不要被资格所限。"于是华罗庚就从大学的职员变成了教员。

沉潜了两年，积蓄了力量的华罗庚又开始发表论文了。他的论文不但被中国的数学刊物接受，还被外国的刊物发表了，连当时被认为最重要的数学刊物——德国的《数学年鉴》也给他刊登。他成了一个高产而质佳的数学家，声名鹊起，同侪佩服。

不过，与其他欧美国家和地区比起来，中国当时的数学研究水平还不高。清华时常请外国的著名数学家来访问，促进数学发展，这让华罗庚有机会接触到世界级的大数学家。1936年他经系里同意，又得到公费资助，去英国剑桥大学跟从著名的数学家哈代进修两年。

华罗庚为什么不要博士学位？

华罗庚在剑桥大学没有读博士。据说，当时哈代去了美国，交代助手跟他说："你的著作多，完成一篇好的博士论文，没有问题。两年就可以得到博士学位。"

华罗庚谢绝了，并说："我在这里只有两年时间做研究，要多写一些有价值的文章。念博士还有各种琐细要

求，太浪费时间了。"

哈代的助手很意外，说："从东方来的人，不稀罕剑桥大学博士学位的，你还是第一个！"

可能对没有高中学历、学士学位，又习惯了自学的华罗庚来说，有没有博士学位不是最重要的。清华已经两次破格提拔他。他心里明白，博士学位可以是个虚衔，在世界数学家眼中，数学研究的成绩，比博士名衔更有价值。

华罗庚在剑桥两年，接触了很多数学名家和青年学者，写了十多篇论文，做出了世界第一流的工作，受到国际数学界的关注。而他的一些研究成果，也被老师哈代引用在著作里。

在英国，走不好路的华罗庚还学会了骑自行车。因为当时有好几名中国学生在伦敦和剑桥，他们假日相约骑车去玩，二十六七岁的华罗庚不会骑。他不顾左腿有毛病，坚决找人扶车学习，过程当然是艰难的，他却学会了。他说："我坐上自行车，请人一推，我骑着就往前跑。"

从英国回来，清华大学再度破格将华罗庚评为教授。

从坐火车到北京，到成为教授，还不到八年时间。他未经过副教授等职级，又没有博士学位，第三次打破清华大学的用人传统。这也可见清华大学当时学术独立，不受刻板规定约束。

如何登上科学的高峰 ？

华罗庚常常说："新的数学方法和观念，往往比解决数学问题本身更重要。因为新方法、新观念有更普遍的作用和意义，而且能将数学引向深入发展。"

也就是说，数学上一个问题，经过很多数学家用尽平常的方法去求解，还未得到答案，这时候就需要有新观念、用新方法去解决问题，而解决的新方法也被视为数学上的贡献。华罗庚的特点就是直接切中问题的核心，所以他成果多，而且有新发展。

华罗庚回国时，抗日战争已经爆发。北京沦陷，清华迁到西南后方，大家挤在破房子里，继续学习研究，生活条件很差。华罗庚没有放弃数学研究，继续发表很多研究成果。苏联和美国的研究机构都请他去访问。

美国有个青年数学家说，华罗庚的成就，正说明好的学者在最恶劣的逆境之中，仍然能够做出出色的成绩。

当大家传颂他的传奇时，华罗庚拒绝承认自己是天才，他强调自己只是平凡人，靠的是努力。他劝勉青年人，一个人一生中，进学校靠人传授知识的时间，毕竟是短暂的，犹如被妈妈扶着走的时间，也是极短的一样，学习大部分时间是靠自己努力。

他最深的体会是，科学的根本是求实，是精益求精的学问，每前进一步都要付出大量的劳动。天才在于勤奋，只要不畏艰难，锲（qiè）而不舍，严格要求自己，就一定能登上科学的高峰。

小8笔记

科学的根本是求实，是精益求精的学问，每前进一步都要付出大量的劳动。

小8学堂

华罗庚不慕学历和名利，潜心研究数学，勇攀高峰，为世界数学殿堂增添了耀眼的光辉。请你结合文章，谈谈华罗庚为什么可以取得成功。

由文转理的力学家钱伟长

钱伟长（1913—2010），中国力学家、应用数学家，中国近代力学和应用数学的奠基者之一。

课本链接 《义务教育教科书 道德与法治 八年级 上册》第四单元第8课《国家利益至上》

　　"1.49米。"为新生量身高的人写下来。

　　清华大学的体育老师马约翰，抬头看了看这个瘦小的男学生，又看了看新生资料：籍贯无锡。"从没有见过这么矮小的男生，还来自江南鱼米之乡呢！"他心里纳闷。

　　这个十九岁、来自七房桥村的文弱学生叫钱伟长，父亲在他十六岁时病逝，家里穷，他是长子。家庭的生活都靠宗族的义庄拨钱接济，读书靠叔叔供给，读大学靠考到清寒奖学金。他从小没有穿过新衣服，可能也从来没有吃饱过，而且因为农村卫生差，生过很多种病，发育不良。

　　他准备在清华大学读文学或者历史，他这两科成绩很好，两个系都想要他。况且他有特别的优势：他的亲叔叔钱穆是北京大学的历史教授，来往的都是文史名家。他读文史一定如鱼得水，出类拔萃。

钱伟长为何转读物理

1931年9月16日入学这一天，一切都按部就班。没想到第三日发生了九一八事变，日本侵占了中国的东北三省！钱伟长一生的方向也从此改变。

日本自从明治维新成功后，竟然效仿欧美列强来压迫中国。三十多年来，日本侵占台湾，在上海划了租界，控制了旅顺、大连、青岛等港口，染指福建，要建铁路，抢矿产。这一次更悍然入侵面积大、资源多、土地肥沃的东三省，威胁北京。日本要逐步灭亡中国，再也不掩饰它的野心了。

钱伟长和身边的同学都气极了。他罢课、游行，同时决定转读物理。

"我要以科学救国。"瘦弱的钱伟长向

暂任物理系主任的吴有训说。

吴有训看着钱伟长的入学成绩：理科不合格，英文也不好。

"你还是读文科吧，读文科也可以救国。"吴有训循循善诱。

钱伟长不肯放弃，他已经下定决心，不达目的誓不罢休。接下来一个星期，他天天去找吴有训。吴有训没法说服这个固执的年轻人，又理解他的爱国激情，于是提出一个条件："你试读一年，如果数学、物理、化学任何一科不到七十分，就转回文学院。"

于是他和另外四个也要求转系的同学试读物理一年级。

他怎么可能考到七十分呢？他的理科欠缺根底。因为战乱和生病，他小学时常停学，初中又只读了两年，而且有一年不是上正规课程。考入高中之后，为免毕业后不够条件找工作养家，他努力学习每一科，不管自己喜欢与否。这所省立高中的师资很好，数学老师见他刻苦，家境又困难，非常同情他，额外给他补课。无奈他基础太差，纵使不参加任何活动，整天苦读，理科仍只能勉强摆脱最后一名。现在他要在大学里主修理科，要在一年里追上理科出色的同学，他要下多少苦功？以他的体力能承受吗？苦读是很消耗精力的，清华的课业又重。

幸好清华大学很重视体育，每天规定时间强迫学生做运动，避免学生只顾读书，读出毛病。钱伟长在运动方面，本来一无所能，但在他第一年拼命啃物理科课本的时候，同学的越野赛队伍不够人，拉了他凑数。初生牛犊不怕虎，他答应了。他平时没有训练，一上来就跑越野赛，只好咬牙强忍，坚持跑到底。体育部副主任马约翰见这个瘦小男生拼劲十足，竟然把他选入大学越野队。这伯乐相马的行为，是这一年里第二件影响钱伟长一生的事。

马约翰是教会大学的毕业生，只因喜欢体育，就为清华的体育教育奉献一生，很受学生爱戴。当时中国人被称为"东亚病夫"，马约翰努力改变这种状况。在体育部，他比洋人主任还热心，对动员学生做运动充满热情，训练的时候，用严肃又慈祥的声音，激励同学们拼搏。在马约翰的指导下，从来不长于运动的钱伟长，天天利用清华强制要求运动的时间，跟队友一同锻炼，风雨不改。他有毅力，又能吃苦，后来成为田径运动会的常客，名列越野队"五虎将"之一，参加过全国运动会。到大学毕业的时候，他的身高竟然增长到1.65米，让祖母和母亲出乎意

料。他体魄强健，而且一生保持对运动的兴趣。体育锻炼令他耐力大增，争胜的意志加强。他认为自己能够承受巨大的压力，度过苦厄艰辛，与这四年的体育锻炼有关。

钱伟长走过怎样的科学学习之路

在读书方面，他也幸运地遇到良师。物理系的教授，都是年轻热心的科学教育家。参与创办清华物理系的叶企孙，这时候才三十出头。其他教授有些只比钱伟长大十岁八岁，有好几个还是清华毕业的师兄。他们都是美国加州理工、哈佛、芝加哥大学等名校的博士，而且跟教授发表过重要论文。他们有些刚刚回国，朝气蓬勃。这些理科精英努力在实验室做研究，常常工作到深夜，系里的学习气氛浓厚。

即使这样，物理系一年级的课，钱伟长起初还是摸不着头脑。除了理科知识基础薄弱之外，还有英文不好的问题。清华因为是用美国退还的战争赔款来建的，所以一切美国化，用英文课本。钱伟长上课听不懂内容，读英文课本又不太明白，第一个学期真是吃尽苦头，据说头两个月的测验，几乎全部不合格。幸好当年物理系学生人数少，每一届的毕业生才几个人，而老师都是科学救国的志士，很细心帮助学生克服困难，几乎想把一生所学倾囊相授。吴有训见他读得辛苦，就给了他一本中译的课本，并且告诉他上课不要只顾抄笔记，应该仔细听讲，弄明白道理，下课后多看参考书。钱伟长天天泡在图书馆苦读，终于在年末考试达到要求，创造了奇迹。

从此，钱伟长的科学学习之路就充实而快乐了。系里的教授讲课生动，有启发性。像叶企孙的热力学课，并不是一本教科书讲几十年。他的讲稿只有十页，题目和原理虽然年年一样，但是举例年年不同。叶企孙大量阅读最新的国际刊物，将刊物上提出来的应用例子，吸收消化到自己的讲课里，使一门基础课程也能够跟上科学发展的步伐。热力学不是一门容易的课，加上叶企孙有点口吃，又有上海话口音，对学生来说本来听讲困难，但是他把基础概念讲得很清楚，关键的地方还反复讲解，保证让学生完全听明白。他的讲学方法跟当时欧美高水平的教授相似，让很多学生印象深刻。

叶企孙对欧美物理学界有过贡献，他却很谦虚地对学

生说："我教书不好，对不住你们，可是有一点对得住你们，就是我请来教你们的先生个个都比我强。"他请回来的国外教授，确实是一流高手。

像吴有训读书时，就帮指导教授做过大量实验，证实了这个美国教授的理论，帮助教授获得诺贝尔物理学奖。吴有训回到中国，为了培养学生，很重视基础的一年级物理学课，他讲得很有启发性，他会问："皮球掉到地上，为什么会弹起来？"当学生都说是弹性的时候，却没有人能够讲得出弹性到底是什么。吴有训再启发大家去想："皮球是自己弹起来的吗？"然后他才解释反作用力，并且告诉大家，学科学，要懂得时时用科学的话来说明道理。吴有训又很重视动手做实验。钱伟长从未做过实验。第一堂实验课，他跃跃欲试的时候，吴有训出鬼主意，叫他们用两厘米的尺，度量一段约三米的距离，要达到规定的准确程度。这看似很无聊的第一课，令钱伟长和同学们明白度量会有误差，做实验一定要很严谨。

系里除了老师用功，同学的自学风气也很浓。做实验也夜以继日，有些同学干脆以实验室为家。师生对追求学问非常认真，教授基本上都不照本宣科，而是引导学生去思考、争论，师生常常从课堂上争论到课后。经过这样深入讨论，学生对问题的核心把握得比较透彻。老师又鼓励学生去修读数学系、化学系，甚至机械工程系、电机工程系的课，打开知识面。系里还请欧美著名学者来做短期讲学。钱伟长在这种斗志昂扬的环境里兴致勃勃地读完了四年大学。他一年级同班的同学有十四人，只有一半人读到毕业，而钱伟长是其中一个，可想而知他下了多大苦功。他考入研究院，从此又培养了读国际最新科学期刊的习惯，逐步向一条自主的科学家之路迈进。

可是1937年七七事变爆发，日本进军华北，抗日战争全面爆发。北京的许多大学搬迁避难。钱伟长没有钱，走不了，只好去教中学赚旅费，一年后才能够赶到云南大后方，在大学里边教书边钻研。

海外留学研究什么

由于长期的社会习惯，当时中国志于学问的精英学生，都以留学为目标。但是留学欧美，要花很多钱，不是一般人能够负担的。政府出钱的公费留学名额很少，考试

竞争很激烈。1939年钱伟长参加留学考试，获得录取名额，准备去英国深造。当他们到香港准备坐船去英国时，不巧欧洲爆发战争，航行有危险，只好回到云南等消息。就在等消息的这几个月里，钱伟长在同学处借到一本讲弹性力学的书，自己读起来。

力学研究物体机械运动规律及其应用，简单地说就是物体受力，会有什么反应。弹性力学又是指什么呢？研究物体在外部因素（如所承受的重量、温度变化等）作用下于弹性范围内所产生的变化，这一门科学就叫作弹性力学。

钱伟长读了那本欧洲科学家写的弹性力学书，感到很困惑，怎么各种形状的物体要用不同的处理方法？块状的东西处理起来，为什么又不同于球形或者圆柱形的呢？而且很多处理方法建立在科学假设上，不够严谨。二十七岁的钱伟长很敏锐，他想要统

一这些不同的方法，他当时并不知道自己的想法对不对，但他很勤奋，愿意动手去尝试。

几个月很快过去，他们又收到通知，要转到加拿大留学，因为欧洲战争，很多英国科学家暂避到加拿大。他们一行人在1940年初到上海准备出发，怎料又生出枝节来。原来他们上船拿到护照，发现护照上面有日本的签证，船会在日本停留三天，他们可以上岸游览。1940年中国正在艰苦抗日，日本侵占了中国很多地方，大家觉得接受日本的签证是一种屈辱，十分气愤，决定全体下船回云南，把英国人气得暴跳如雷。这样一波三折，半年之后，他们才再乘船横渡太平洋，真正开始留学。

钱伟长到了多伦多大学，专门研究弹性力学。他发现指导他的教授也在研究这个题目，而且正巧教授是从宏观的、大的层面去研究，他就从微观的、细小的物体构成去研究。在物理学上，最后从这两个角度得出来的结果，一定要相互吻合，才算是解决了问题。于是教授跟他用了一个多月时间，就他们的初步研究写成论文，刊登在非常重要的论文集里。这本论文集是为庆祝冯·卡门寿辰而出版的，冯·卡门在物理学界很有名，是航空动力学的权威，论文集里也有爱因斯坦的文章。年纪轻轻就能够与世界闻

名的大学者一起出版论文，钱伟长满心欢喜，自信心也增加了，开始敢去挑战难关。他向弹性力学攻坚了，教授鼓励他不要吝惜使用数学方法，但要用得简洁漂亮。解决实际的物理问题时，要鼓起勇气，捏着鼻子跳进数学的大海，找最合适的工具，甚至创造工具。但又要懂得在完成任务之后爬上岸，不要沉迷在美丽的大海里。钱伟长因为在大学时修过数学系很多课，数学根底好，果然能做到创造性地利用数学工具，他把用来研究相对论的数学方法，用在弹性力学上。教授十分高兴，称赞他有创意。一年之后，他终于解决了宏观和微观理论之间的关系，得到博士学位。

　　钱伟长的研究得出了精确的结果，他又将其分门别类，归纳出相应的方法。以后具有弹性的东西，哪怕质料不同，只要做实验获得质料的一些数据，然后放入相应的方程式里，就可以知道它受力或者改变温度时，会有什么变化了。弹性薄板和薄壳在工程技术里用得很多，像火箭这样的航天机械工程不是要用上很多薄板薄壳材料吗？可以设想，这个理论在材料物理学里，在发展太空科技上，都十分重要。

　　不久，钱伟长顺理成章地转到美国的加州理工大学，在冯·卡门的研究所做工程师。这个研究所叫作喷射推进研究所，跟太空科技有关。钱伟长在里面主要做火箭和人造卫星等的弹道、轨道计算，以及空气动力计算。

当时在加州理工有不少中国科学家，包括钱伟长的清华老师周培源，周培源是加州理工毕业的博士。在抗战正艰难的时候，他们聚在一起谈工作碰到的难题，谈世界大事，谈文艺，几乎无所不谈，但主要还是在怀念国家和亲人。钱伟长离开中国之后，妻子生了一个儿子，好几年来与他只靠书信来往。虽然工作上他学到很多，研究很有动力，但是几年未见到妻子和儿子一面，怎会不记挂呢？

1945年日本投降，战争结束。钱伟长于是告别大名鼎鼎的冯·卡门，告别美国的舒适生活。他在1946年回到中国，实践他由文转理的初衷：科学救国，也第一次见到他已六岁的儿子，才知道他的祖母和最小的妹妹去世了。

小8笔记

西南联合大学，简称"西南联大"。抗日战争全面爆发后，北京大学、清华大学、南开大学迁至长沙，1937年8月合并成立长沙临时大学。1938年4月再迁至昆明，更名国立西南联合大学。

此后在他面前的路途之艰难，并不亚于他由文转理的路。后来他更勤奋地工作，成为中国的力学和应用数学的奠基者之一。

小8学堂

钱伟长弃文从理，凭借对科学的执着追求和对国家的热爱，在物理学和力学领域取得了卓越成就。你觉得钱伟长身上有哪些品质值得我们学习呢？

水稻育种专家 袁隆平

袁隆平（1930—2021），江西九江人，中国杂交水稻育种专家，被国际同行誉为『杂交水稻之父』。

课本链接《义务教育教科书　中国历史八年级　下册》第六单元第18课《科技文化成就》

袁隆平年轻时有
什么愿望

？

你是否留意到，大多数中国人习惯在见面时第一句话就问："你吃了吗？"

为什么他们这么关心对方的"吃"呢？

这是因为"民以食为天"。自古以来，"吃"是民生第一件大事。历代统治者首先要解决的就是百姓的温饱，百姓不愁吃穿，生活安逸，社会才稳定，国家才能发展。

粮食，是人类赖以生存的主要食物。在中国，南方的稻米和北方的小麦是主要的农作物。稻米，更是亚洲人民所喜爱的传统主食。可是，由于常年的天灾人祸，人们往往面临"吃不饱"的困境……

二十世纪六十年代初，中国发生了全国性的大饥荒，农村的情况更严重，经常听说有人饿死。有个三十岁左右的青年，是攻读农业专业的，他不忍心看到这样的事发生。他明白，粮食是人们生存的根本。他在心中暗暗发誓：一定要在农业科学研究上努力，设法解决百姓的吃饭问题。

　　这个青年叫袁隆平，曾在西南农学院专修农学，那时是湖南一所农校的老师。日后他研究发明了杂交水稻，使水稻亩产量由三百公斤上升到超九百公斤，造福世界人民，实现了自己的理想。

为什么要进行超级稻实验

　　就在那一年，袁隆平在学校的试验田中偶然发现一

棵特别的水稻，他又惊又喜。因为水稻是自花授粉的，按理不会出现性状分离的现象，所以他推断这是天然杂交水稻。可是他的这个结论遭到很多人的反对和讥笑。许多人说，提出杂交水稻是对遗传学的无知，因为当时外国著名遗传学家的经典著作中都明确指出：自花授粉作物可以一直生长下去，但杂交是没有优势的。因此袁隆平没有对这棵水稻进行研究。

过了三年，他在学校的试验田里又发现了一棵长得很好的水稻，他心想这很可能是一个天然杂交品种，并非如书上所说不可能产生的。有了这个灵感，他就马上着手进

行人工杂交。第二年结出了数百粒种子，证明的确产生了杂交组合。这个情况鼓舞了他，他坚信水稻有杂交优势，这使他更加坚定了继续努力研究的信心。

后来袁隆平就此事写出了第一篇论文《水稻的雄性不孕性》。由于论文的论点与经典学说相背离，他当时又没有学术地位，所以不被学术界认同，学者们反而认为他异想天开。袁隆平知道这条研究的路充满坎坷和风险，但是他没有动摇。

培育杂交水稻，必须有雄性不育系水稻。他和助手们逐一检查一万四千多棵稻穗，终于找到六棵，但是用它们做的试验没有什么成果。他们用国内外几百个品种做了几千个杂交组合，还是不成功。袁隆平没有气馁，他毅然决定采取新的办法——从与水稻亲缘关系较远的野生稻上着手。

1970年他和助手在海南岛的一片沼泽地里发现了一棵

小8笔记

雄性不育系水稻

一种特殊的水稻类型，它的花器中雄性器官发育不完善，不能形成正常的花粉，而它的雌性器官发育正常。所以这类水稻不能自身繁殖，需要借助外来水稻花粉才能结出种子。结出的种子下代种植就是杂交水稻种子。

野生稻，这是突破杂交水稻研究的关键。经过三年的努力，杂交水稻研制成功，彻底推翻传统理论，培育出高产杂交水稻组合"南优2号"，亩产六百二十三公斤，比普通稻谷多一倍。这是世界上首例成功的杂交水稻品种。

自此，杂交水稻遍植中国。全国推广种植杂交水稻208万亩，增产幅度普遍在20%以上，中国的粮食产量实现了一次飞跃。1976至1987年，中国的杂交水稻累计增产一千亿公斤以上。

到了九十年代中期，"国家杂交水稻工程技术研究中心"正式成立，袁隆平是主任。中国农业部在1996年启动了"中国超级稻育种计划"。

袁隆平认为：科学研究的最基本特色就是要创新，不断创新，不断向新领域、新高峰攀登。他再接再厉，研发出其他杂交水稻和超级水稻，把水稻单产量从六百多公斤提高到八百公斤、九百公斤……他表示，追求水稻高产、高产、更高产，是超级稻实验的永恒主题，这是他作为农学科研人追求的永恒目标。

杂交水稻给世界带来了什么 ❓

现代科技的发展，使得全球耕地面积越来越少，而人口数字却逐年增长。人地矛盾日益突出。一直被粮食进口困扰的日本就首先提出了"超高产育种计划"，希望把水稻产量提高50%。1989年，国际水稻所也提出了类似的计划，打算在2000年培育出亩产八百公斤的水稻，但都劳而无功。

"发展杂交水稻，造福世界人民"，这是袁隆平在研究中心门口的题词，表达了他的心愿。

二十世纪八十年代初，面对世界性的饥荒，袁隆平萌发了一个大胆的设想，提出了杂交水稻超高产育种的课题，试图解决更大范围的饥饿问题。他连续发表了两篇文章，提出选育强优势超高产组合来育种。1986年，他培育出杂交水稻新组合"威优49"品种。

中国推广杂交水稻的成就引起世界的关注。袁隆平先后应邀到菲律宾、美国、日本、法国、英国、意大利、埃

及、澳大利亚等国家讲学、传授技术、参加学术会议或进行技术合作研究等国际性学术活动。杂交水稻推向世界，美国、日本、菲律宾、巴西、阿根廷、印尼、柬埔寨等一百多个国家纷纷引进杂交水稻。

1980年9月开始，中国农业科学院和国际水稻研究所共同在湖南省科学院举办杂交水稻技术国际培训班，袁隆平主讲。他总共主持举办了五十余期，培训了三十个国家以上的两千多名科技人员。1997年，越南和印度种植面积已分别超过十万公顷和二十万公顷，每公顷增产一至两吨。

袁隆平当选为美国科学院外籍院士。国际友人称赞这位"当代神农"培育的杂交水稻是中国继古代四大发明之后，对人类作出的"第五大贡献"。

挪威议员曾提名袁隆平角逐年度诺贝尔和平奖。袁隆平曾八次获得国际性科学大奖。编号8117小行星因名字中含有水稻拼音声母SD，而被命名为"袁隆平星"。

袁隆平淡泊名利，生活简朴，这位令人敬佩的高龄"杂交水稻之父"风尘仆仆地奔走在大半个中国的水稻田中，埋头于第五期超级稻的研究工作，在全国三十九个百亩示范田里指导播种、考察、验证、收割！

2019年，袁隆平被授予国家最高荣誉"共和国勋章"。获奖当天，他还在试验田里查看杂交水稻的生长情况。2021年5月22日，袁隆平院士与世长辞，他化作耀眼的星辰，指引更多青年继续实现禾下乘凉梦与杂交水稻覆盖全球梦。

小8学堂

袁隆平在科学的田野上不懈劳作，以顽强的毅力播撒杂交水稻的种子，被誉为"杂交水稻之父"。请你结合文章，谈谈你认为袁隆平为什么会有这样了不起的成就。